*Finde zu deinem höheren Selbst
und lebe deine Magie*

Wie du dein inneres Licht findest

Die Autorin

Tanja Tesic ist Autorin, Motivationsexpertin und mediale Lichtarbeiterin. Bereits im Kindesalter ist sie mit der geistigen Welt in Berührung gekommen und diese ist seit Jahrzehnten ihre Herzensangelegenheit. Seither hilft sie vielen Menschen mit ihren Coachings, ihre Prüfungen im Leben zu heilen und ihren eigenen Seelenweg zu finden. Mit ihrem Ehrenamt engagiert sie sich außerdem für den Umweltschutz und das Klima.

Mit diesem Buch versteht sie es, dich zu motivieren, dein inneres Licht zu entdecken und somit in deiner eigenen Energie zu schwingen. Beeindruckend erzählt sie von ihren persönlichen Erfahrungen, die sie in der Vergangenheit mit der geistigen Welt gemacht hat.

www.instagram.com/tanja.lichttarot

www.tiktok.com/@lichttarot

TANJA TESIC

FINDE ZU DEINEM HÖHEREN SELBST UND LEBE DEINE MAGIE

WIE DU DEIN INNERES LICHT FINDEST

Bibliografische Information der Deutschen Nationalbibliothek:
Die Deutsche Nationalbibliothek verzeichnet diese Publikation in der
deutschen Nationalbibliografie; detaillierte biografische Daten
sind im Internet über dnb.dnb.de abrufbar.

Satz, Herstellung und Verlag:
BoD – Books on Demand, Norderstedt

ISBN 978-3-7583-8336-6

INHALT

Widmung

*Dieses Buch widme ich dir, liebe Seele.
In großer Hoffnung, dass auch du deinen lichtvollen Weg
findest und ihn gehst.
Denke immer daran, dass alles möglich ist, solange du
deinem Herzen folgst.*

*In Liebe,
Tanja*

VORWORT

Hallo liebe Seele, schön, dass du zu mir gefunden hast. Wie heißt es doch so schön, es gibt keine Zufälle, drum hältst du dieses Buch in der Hand. Das ist der Anfang deiner wunderbaren Reise. Vielleicht befindest du dich gerade in einer Lebensphase deines Lebens, wo es »rund« geht. Du möchtest etwas Neues in deinem Leben, du sehnst dich danach, deinen Talenten und Gaben zu folgen und ihnen mehr Raum in deinem Leben zu geben. Vielleicht befindest du dich aber auch am Anfang deiner spirituellen Entwicklung und du bist dir ein wenig unsicher. Vielleicht fühlst du aber auch, dass es Zeit ist, deiner inneren Stimme und somit deinem Seelenweg zu folgen. Dann kommt dieses Buch gerade zur richtigen Zeit in dein Leben.

In diesem Buch teile ich meine persönlichen, übersinnlichen Erfahrungen und Botschaften aus der geistigen Welt mit dir. Lange Zeit habe ich wegen meines Berufs im Finanzwesen aus meinem Ego heraus gehandelt – Bis zu dem Tag, der mein Leben komplett veränderte. Mit diesen emotionalen Schlüsselmomenten möchte ich dich dazu motivieren, niemals an deinen Kräften und deiner unerschütterlichen Energie zu zweifeln. Ich möchte dir zeigen, wie du deinen Seelenweg gehen kannst, um in deiner eigenen Energie zu schwingen. Und wenn ich dir sage, dass auch du Heilungskräfte hast, dann wirst du staunen.

Staune, liebe Seele, dass es im Leben noch mehr gibt und bleibe achtsam, denn die geistige Welt ist immer an deiner Seite und wird sich ihre Wege suchen, um sich bei dir bemerkbar zu machen.

DIE ANFÄNGE IN DER KINDHEIT

1976, Schwelm, Nordrhein-Westfalen. Ich bin Tanja, ein Kind der 1980er Jahre. Ich bin mit der Musik von Wham! »Wake Me Up Before You Go-Go« und Whitney Houstons »One Moment In Time« aufgewachsen. Ed von Schleck war mein Lieblingseis. Und der Zauberwürfel war nie mein Lieblingsspielzeug, denn ich hatte es nie geschafft, alle Farben in die richtige Reihenfolge zu rollen. In den 1980er Jahren aufzuwachsen war ein Gefühl von Lebendigkeit und Leichtigkeit, ein Gefühl von Leidenschaft an das Leben selbst. Ich habe die 1980er Jahre geliebt, es war eine Dekade voller Liebe und Zufriedenheit. Diese Zeit war vollkommen einzigartig und einfach und ich werde sie nie vergessen. Jeder, der in dieser Zeit aufgewachsen ist, weiß wovon ich spreche. Du erinnerst dich vielleicht auch an diese Zeit. Ich bin mir sicher, dass jeder das Gefühl kennt, wenn im Radio Rick Astley mit »Never Gonna Give You Up« oder Bon Jovi mit »Living On A Prayer« läuft und man automatisch tanzt und die Haare nach links und rechts wirft. Ich vertiefe mich immer wieder in diese wunderbare Geschichte der 1980er Jahre und das Gefühl der Liebe an das Leben selbst. Damals schon in jungen Jahren hatte ich große Visionen – Ich wollte die Welt sehen, ich wollte daran teilhaben, die Welt zu verändern. Ich hatte große Träume und ebenso große Erwartungen an mich und das Leben selbst, ich wollte das Leben in vollen Zügen genießen und auskosten, auch wenn ich wusste, dass das Leben mich auch die Konsequenzen spüren lassen würde. Aber diese nahm ich gerne in Kauf, denn ich wollte das Leben erleben und vor allem auskosten.

Aufgewachsen bin ich in einer Kleinstadt namens Schwelm, in der man sich kennt, wo der Bäcker weiß, welches Brot man täglich einkauft und die Dame vom Blumenladen samstags bereits die rosa Tulpen in der Hand hält, welche meine Eltern für die Tische des Restaurants benötigten. Meine Eltern führten eine erfolgreiche Gastronomie, ein großes Steakhaus. Unsere Familie war auch in den benachbarten Orten sehr bekannt, was an der Beliebtheit des Steakhauses und den Köstlichkeiten lag. Jugoslawische Berühmtheiten waren unsere Gäste und kamen zum Essen, ebenso wie Zahnärzte und hochrangige Bankberater. Es war eine intensive und wundervolle Zeit für mich als Kind, die ich niemals missen möchte. Ich habe das Leben als Kind der Gastronomie geliebt. Jeden Tag war etwas los, Gäste kamen und erzählten Geschichten oder planten die nächste Geburtstagsfeier bei meinen Eltern im Restaurant. Langeweile? Fehl am Platz. Ich kann mich tatsächlich nicht an einen Moment der Langeweile im Kindesalter erinnern. Es war alles so leicht und schön. Ich fühlte das Leben, ich fühlte den Puls der Zeit und ich spürte die Lust der Gäste auf das Leben, wenn sie das Glas Rotwein in der Hand zum Wohle hielten und feierten. Ich beobachtete die Gäste beim Reden, beim Lachen und beim Herzen. Ich liebte es einfach mit dabei zu sein. Als Kind schaute ich mir die Gäste an und ich dachte: »Wow, wenn ich auch mal erwachsen bin, dann werde ich genauso viel Spaß haben und das Leben leben. Ganz bestimmt«.

Als Familie wohnten wir in der zweiten Etage direkt über dem Restaurant meiner Eltern. Es war nicht nur praktisch, sondern auch fantastisch, denn von oben aus dem Kinderzimmer konnte ich immer raus auf die Straße schauen und sehen, welche Stammgäste da sind. Wie ein großer Spielplatz, auf dem immer etwas los ist. Eines Abends schminkte ich mich, während ich zu der Musik von Roxette »Listen To Your Heart« tanzte und mir coole Klamotten im Kleiderschrank meiner Mama aussuchte. Denn meine Mama war eine wunderschöne Gastronomin, die ihre Leidenschaft für gutes Essen als Köchin zum Beruf machte. Meine Mama hat sogar in Stöckelschuhen in der Küche gekocht, egal, wie viel im Restaurant zu tun war. Als Kind empfand ich das richtig toll und das konnte ihr niemand nachmachen. Mein Papa hat als Chef des Restaurants an der Theke gearbeitet und die Gäste bei Laune gehalten. Er war der Tom Jones der 1980er Jahre, viele der Gäste haben meinen Papa so genannt, weil er dem britischen Sänger Tom Jones zum Verwechseln ähnlich sah. Zu dieser Zeit waren meine Eltern eines der angesagtesten Vorzeigepaare der Stadt. Das Steakhaus meiner Eltern lief fantastisch und war zu jeder Zeit der Anlaufpunkt vieler internationaler Gäste.

Es war Freitag und ich wusste, dass meine Eltern lange arbeiten würden und Stammgäste bis in die Nacht bleiben, also machte ich mich schick für den Abend. Unten angekommen, ging ich in die Küche, um meiner Mama zu sagen, dass ich da bin. Sie wirkte nervös und ihre Wangen waren rot. Es war sehr viel zu tun. Die Aushilfen jonglierten mit den Tellern, die meine Mama als Profiköchin dekorierte. Meine Mama war leidenschaftliche Köchin, sie liebte ihre Gäste und sie gab alles für die Zufriedenheit ihrer Gäste. Ich setzte mich in den Saal und spielte mit den Bierdeckeln. Ich versuchte ein Haus daraus zu bauen, was mir jedes Mal nicht gelang. Sie krachten immer wieder in sich zusammen. Dann kam mein Papa in den Saal und sagte, ich solle in den Bierkeller gehen und noch Orangensaft holen. Gesagt, getan. Ich holte den leckeren Orangensaft, den ich als Kind gerne trank. Die Gäste bedankten sich bei meiner Mama für das hervorragend gute Essen. Mama herzte die Gäste ganz stark, es gab immer ein großes Küsschen von ihr und als Abschlussgetränk gab es an der Theke von meinem Papa einen leckeren Sljivovic, also Obstbrand aus Jugoslawien und da mein Papa immer zu Scherzen aufgelegt war, hörte man immer lautes Gelächter von den Gästen. Der Kellner kam in den Saal und sagte zu mir, ich solle bitte die Kassette umdrehen, da die Musik aus ist. Also ging ich zum Kassettenrekorder, holte die Kassette heraus und drückte sie anschließend andersherum wieder rein. Das Lied von Rod Stewart lief mit »Baby Jane«. Die Stimmung unter den Gästen war fröhlich und heiter, sie sangen, tranken und hüpften zur Musik. Das Restaurant meiner Eltern verwandelte sich am Wochenende immer in eine große Partylocation. Ich bestellte bei Mama Pommes mit Ketchup und Majo und wartete dann im Saal auf das Essen. Als meine Mama mir den Teller Pommes brachte, gab sie mir einen Kuss und sagte mir, dass heute eine Frau zum Kaffeesatzlesen kommt.

In unserer Familie und aus der Heimat, dem ehemaligen Jugoslawien, war es üblich, Kaffeesatz zu lesen oder in die Karten zu schauen. Ich kann mich noch genau daran erinnern, dass immer wieder Leute in das Restaurant meiner Großeltern kamen, um für eine Spende in den Kaffeesatz zu gucken oder aus der Handfläche zu lesen. Damit bin ich praktisch aufgewachsen. Ich kann mich noch genau daran erinnern, dass ich als Kind häufig Personen im Restaurant sitzen gesehen habe, die meiner Oma oder der Küchenhilfe in die Zukunft schauten, egal, ob es das Kaffeesatzlesen oder das Handlesen war. Es gab immer Abnehmer und Neugierige in der Familie, die daran glaubten oder sagen wir es mal so, die sich gerne der entsprechenden Illusion hingaben.

Als Kind war ich neugierig und hörte natürlich gerne zu. Viele der Menschen konnten sich sprachlich schlecht verständigen, sodass man sich mit Händen und Füßen verständigen musste. Für diese Wahrsager:innen gab es am Ende je nach Bedarf immer eine Spende in Form von Geld oder Lebensmitteln. Also hatte es sich aus ihrer Sicht gelohnt, sodass diese Leute immer wieder kamen. Ich hatte noch keinen richtigen Bezug dazu, ich hörte zwar gerne zu, konnte aber nicht wirklich etwas damit anfangen. Ich kann mich noch daran erinnern, dass ich dachte: »Wie können diese Leute das alles wissen, was bei meiner Oma in Kürze passiert?«. Irgendwie fand ich das alles merkwürdig. Und doch, war es in unserer Familie Gang und Gäbe, Karten zu gucken und andere Maßnahmen zu ergreifen, um die Zukunft vorauszusagen. Ich bin zwar damit aufgewachsen, kam aber erst viel später selbst damit in Berührung.

Als ich die Ketchup-Flasche öffnete, hörte ich meine Mama, wie sie eine Frau in den Saal bat. Sie sah aus, als ob sie große Erwartungen an den Abend hatte. Ich hörte, wie sie meine Mama fragte, ob sie jugoslawisch spricht. Ich aß meine Pommes weiter und hörte dabei dem Gespräch von Mama und der unbekannten Frau zu. Die Küchenhilfe kam dazu und wollte sich auch unbedingt aus der Hand lesen lassen. Alle wirkten so aufgeregt auf mich. Es hörte sich alles so interessant an, weil ich auf die Reaktionen von meiner Mama achtete. Ich hatte das Gefühl, dass immer wieder Fragen gestellt worden sind, um eine Bestätigung zu bekommen. Meine Mama wollte für sich Antworten finden und suchte dabei die Hilfe einer Handleserin auf. Ich beobachtete eine Weile die Gespräche zwischen Mama und der Frau. Und auch die Küchenhilfe wirkte kurze Zeit nervös. Was ich merkwürdig fand, war, dass mein Gefühl mir immer wieder das Zeichen gab, ob das auch alles so stimmt, was die Frau da gerade erzählt? Sie wirkte auf mich eher so, als würden sie eher die Spenden interessieren, als tatsächlich die Hilfesuchenden unterstützen zu wollen. Wahrsager, oder wie diese Frau sich genannt hat, können scheinbar alles, wenn man sie danach fragt. Vom Kaffeesatzlesen bis zum Handlesen, sogar Flüche können diese Leute angeblich auflösen. Tatsächlich sagte die Wahrsagerin, sie könne einen Fluch auflösen, dafür brauche sie aber einige Gegenstände. Ich habe damals selbst gesehen, wie die Frau mit einigen Gegenständen, wie zum Beispiel einem Umhängeschloss und anderen Dingen, einen Fluch auflösen wollte. Ich empfand das als Kind sehr beängstigend. Heute, mit viel mehr Erfahrung weiß ich, dass es mehr Schein als Sein war. Als erfahrenes Medium weiß ich, dass man sowohl Flüche als auch negative Anhaftungen durchaus auflösen kann. Aber dazu sollte man sich tatsächlich ein sehr erfahrenes und gutes Medium suchen, dem man vertraut.

Als Kind habe ich sehr viel gestottert. Dies fing schon im zarten Kindergartenalter an und wurde immer schlimmer während meiner Schulzeit. Das Hänseln der Mitschüler war unerträglich und gemein. Ich musste einmal die Woche zur Logopädin, was leider nicht viel brachte. Ich sollte Übungen machen, für die ich mich als Kind sehr schämte. Jedes Mal, wenn ich merkte, dass ich anfange zu stottern, sollte ich meine Hand zum Wurf heben und dabei »Kartoffelsalat« sagen, drei Mal hintereinander. Ich lachte dann immer verlegen, denn was hatte ein Kartoffelsalat mit dem Stottern zu tun. Das war mir einfach unangenehm und vor allem peinlich. Das Stottern verstärkte sich immer mehr während meiner Pubertätszeit. Es war eine große Belastung für mich. Mama suchte dann Hilfe bei einer Wahrsagerin, die das Stottern mit einem magischen Ritual auflösen sollte. Mama kaufte alles, was diese Wahrsagerin aufgelistet hatte, um das Ritual des Stotterns aufzulösen. Als der Tag des Rituals kam, war ich nervös, da ich nicht wusste, was auf mich zukam. Angst hatte ich keine, weil ich wusste, dass meine Eltern einfach den Versuch unternehmen wollten, dem Stottern endlich ein Ende zu setzen und da kam jeder noch so kleine Versuch als Hilfe recht. Als das Ritual beendet wurde, fragte ich mich, ob ich nun wirklich nicht mehr stottern würde. Zum Test redete ich die Tage darauf ununterbrochen, um zu sehen, ob das Ritual wirkte. Leider brachte es nichts, ganz im Gegenteil, ich stotterte immer noch sehr viel. Meine Mutter war enttäuscht, sie hatte große Hoffnung in das Ritual gehabt. Als erfahrenes Medium denke ich heute, dass es Unfug und Geldmacherei war. Diese Leute haben damals gesehen, dass meine Eltern erfolgreiche Gastronomen waren, sodass sie mehr Spenden witterten als Hilfe anzubieten, die uns letztendlich weiterbringen sollte. Das Stottern habe ich heute gut im Griff. Ich habe mir gesagt, dass das Stottern eben zu meinem Leben dazugehört. Ich habe mich mit den Jahren mutig in die Selbstheilung begeben, sodass heute fast keiner mehr merkt, dass ich beim Sprechen stottere. Das ist ein großer persönlicher Sieg für mich. Der Heilungsweg war lang und sehr zermürbend. Aber ich habe nicht aufgeben wollen, denn als Kind war es auch ein sehr großes Problem für mich zu stottern und immer wieder gehänselt zu werden. Heute weiß ich, dass diesem Problem meist ein emotionales oder traumatisches Erlebnis zugrunde liegt. Das Stottern war bei mir ein emotionales Thema und mit den Jahren habe ich dies für mich erkannt und so gut es geht in die Heilung gebracht.

Mein zarter Anfang in der Spiritualität war unter anderem aber auch der Fantasyfilm »Die unendliche Geschichte« von 1984. Wir gingen mit meiner Mama ins Kino, denn wenn meine Eltern mal frei hatten, haben wir immer schöne Sachen gemacht und im Kino waren wir auch schon lange nicht mehr. Ich dachte sofort an Popcorn und

Eiskonfekt und mal wieder als Familie zusammen Spaß haben. Der Film kam gerade erst raus und war daher brandneu. Die Frau mit dem Eis ging an uns vorbei und wir bestellten drei davon. Ich sah zu meinen Geschwistern und ich sah meine Mama neben mir und ich fühlte mich so wunderbar in diesem Moment. Das Licht ging aus und der Film begann: Film ab. Es war eine Reise in eine andere Welt. Dieser Film hat mich als Kind so fasziniert. Ich war wie in den Bann gezogen. Ich hatte den tieferen Sinn des Films als Kind noch nicht ganz verstanden, aber es löste in mir ein gewaltig starkes Gefühl aus. Ich liebte den Drachen Fuchur und ich mochte es, dass er immer an der Seite von Atreju, dem Schauspieler Noah Hathaway war und Fuchur ihn immer beschützt hat. Als Kind war es ein magisches Gefühl zu sehen, dass Fuchur der Drache über die Stadt fliegt, um zu helfen und zu beschützen. Es sind sich nur wenige Menschen bewusst, dass es eine Wahrheit ist, dass es eine großartige Tatsache ist, dass es Drachen und solche Lebewesen im spirituellen Raum und in der Sphäre gibt. Das Land aus dem Film namens »Fantasien« musste gerettet werden, das war der Schlüssel zur lichtvollen, göttlichen sowie spirituellen Welt. Die Menschheit musste aufwachen, um das Negative zu bekämpfen und um das Licht der Göttlichkeit zu retten. Fantasien, das war die göttliche Quelle und es sind die Phantasien von den Menschen, die weiter an ihre Träume glauben mussten, damit Fantasien überlebt. Das war also der Sinn der unendlichen Geschichte. Lange Zeit später erkenne ich den tieferen Sinn des Filmes.

Der Film ging zu Ende und ich war voller Energie. Als Kind war ich immer ein Energiebündel, doch nach dem

Film war ich wie ausgewechselt. Ich war einfach nur glücklich. Dieser Film hat mich im zarten Alter von acht Jahren so fasziniert und magisch angezogen, dass ich schon damals mehr über das Übersinnliche erfahren wollte. Ich war neugierig auf das, was dieser tolle Film in mir ausgelöst hat. Und somit begann meine unendliche Reise in die magische Welt der Spiritualität.

H. L. G.

Ich habe mich schon immer für die Spiritualität interessiert oder besser gesagt für das, was wir mit bloßem
Auge nicht sehen können. Ich fand es interessant, dass
es tatsächlich Menschen gab, die in die Zukunft blicken
konnten. Aber wie konnte das möglich sein? Wie kann es
sein, dass ein Mensch vorhersehen konnte, was bald passieren wird? Hellseher oder Wahrsager gab es schon vor
hunderten von Jahren genauso wie Hexen. Damals haben
sich die Könige die Karten legen lassen, um zu erfahren, ob
sie die nächste Schlacht und den nächsten Krieg gewinnen.

Im frühen 19. Jahrhundert war Madame Marie-Anne
Lenormand die wohl bekannteste und erfolgreichste Se-
herin. Sie sagte dem König den Krieg oder Sieg voraus.
Durch ihre Voraussagungen machte sich die Seherin
Madame Lenormand Feinde. So wurde sie oft angeklagt
und landete auch im Gefängnis. Im Gefängnis lernte sie
dann die zukünftige Königin von Frankreich kennen. Der
Königin sagte sie die Heirat mit Napoleon Bonaparte, dem
Französischen Kaiser, voraus. Tatsächlich bewahrheitete
sich ihre Vision und Josephine wurde die Königin von
Frankreich. In dieser Zeit waren Hellseher, Wahrsager
oder Heiler eine Schande. Die Bevölkerung dachte, sie
seien Scharlatane und es handele sich um Hokuspokus
und um negative Zauberei. So hatten es diese magischen

Menschen zu jener Zeit sehr schwer zu überleben, denn viele Hexen hat man auf dem Scheiterhaufen verbrannt oder sie wurden vor den Augen der Stadtmenschen auf dem Markt gehängt. Es war ein schlechtes Omen, wenn man eine Hexe sah oder diese nur in der Nähe war. Von einem Heiler wollte man damals gar nichts wissen, denn man dachte nur an Betrug und Voodoo Zauber und nicht an Heilung oder Genesung.

Als ich in Berlin wohnte, schlenderte ich an einem herrlich sonnigen Tag durch die Straßen und entdeckte plötzlich ein interessantes Gebäude. Es war das Magic Museum, in dem man alles über Magie, Hexerei, Voodoo sowie Zauberei sehen und sich darüber informieren konnte. Ich war neugierig und kaufte mir eine Eintrittskarte. Drin angekommen, war ich sprachlos, wie man damals mit dem Thema Magie und Zauberei umgegangen ist. Ein Stuhl, der mit extrem großen Stacheln versehen war, sollte als Folterstuhl für Hexen dienen. Dieser Gedanke hat mich schockiert. Ich stand die ganze Zeit vor diesem düsteren Stuhl, der so stachelig und schon verrostet war und ich konnte einfach nicht glauben, dass man das mit Hexen oder mit Menschen gemacht hat, denen man eine magische Ader nachgesagt hatte. Man hat die Hexen in diesen abscheulichen Stuhl gesetzt und dann dem Volk zur Schau gestellt. Jede Bewegung in diesem Horror Stuhl sollte die Hexe mit einem spitzen Stachel verbluten lassen. Und das vor den Augen des Volkes. Eine grausame Vorgehensweise. Hexen waren unbeliebt und mussten vor den Augen des Volkes ihr Leid erleben. In der Ausstellung ging es auch um das Thema Heilung und Medikamente. Mit den Wirkungen von Brennnessel, Honig, Zwiebeln oder

Knoblauch hat man damals die Menschen geheilt. Rezepte wurden in den Vitrinen ausgestellt und man konnte tatsächlich Fotos sehen, wie man damals Medikamente mit Essen, welches wir heute täglich anderweitig zu uns nehmen, hergestellt wurden.

Das Thema Spiritualität hat in den letzten Jahren stark an positiver Bedeutung gewonnen. Galt es doch lange Zeit als esoterischer Quatsch oder moderner Zauber. Wer sich spirituell weiterentwickelt, wird seine Antworten zu vielen seiner Lebensthemen finden und das ist sehr wichtig, da wir Menschen immer wieder Fragen haben und uns vieles nicht in Ruhe lässt. Warum musste mir das ausgerechnet passieren? Warum leide ich so? Warum bin ich immer krank? Warum fühle ich mich so einsam? Durch die persönliche, spirituelle Entwicklung lösen sich mit der Zeit Blockaden auf, stagnierte, festgefahrene, karmische Verstrickungen oder Situationen können somit behoben werden. Chronische Beschwerden können gänzlich verschwinden. Diese eigene spirituelle Entwicklung ist eine lange Reise zu sich selbst, sie soll dazu dienen, dass der Mensch und die Seele sich von Altlasten lösen. Leider hat uns die Gesellschaft lange Zeit mit diesem Thema allein gelassen. Das hat sich Gott sei Dank geändert. Immer mehr Menschen wollen wissen, wer sie sind, wozu sie eigentlich hier auf der Erde sind. Seelische Weiterentwicklung wird immer mehr zum Thema, da sich die Welt transformiert und viele sich nach dem Sinn des Lebens fragen. Und genau bei dieser Frage fängt die spirituelle Entwicklung an. Niemand wird dir sagen können, wie lange deine Reise dauert, keiner wird dir die Prüfungen abnehmen können, die du meistern solltest, damit sich die Verstrickungen auflösen. Die emotionale Talfahrt, die alles nochmal aufwirbelt, wo noch einmal alles gelebt und gefühlt werden muss, damit es zum Ende und damit zur Auflösung des Karmas kommt, da sollst du alleine durch und das wirst du auch schaffen, ganz bestimmt. Natürlich, liebe Seele, kannst du dir immer mediale Unterstützung suchen. Und das empfehle ich sogar als erfahrenes Medium. Glaube und wisse, dass du alles schaffst und denke immer daran, dass du nie alleine bist. Niemals.

Unterstützung hast du immer von deinem Schutzengel sowie auch von deinen Geistführern. Du findest in Gebeten und Meditationen Unterstützung von deinem geistigen Team und von ihnen bekommst du auch immer wieder Zeichen. Diese Zeichen sind immer sehr eindeutig und für dich leicht zu erkennen.

An einem regnerischen Nachmittag hatte ich es mir auf der Couch gemütlich gemacht. Ich fühlte mich an diesem Tag nicht so gut. Meine Emotionen hatten mich mal wieder fest im Griff. Also ging ich zu meinem Schrank und holte mir das neue Buch heraus, welches ich mir gekauft hatte. Es war ein spirituelles Buch, das ich unbedingt lesen wollte. Ich wurde während des Lesens immer ruhiger und entspannter. Ich mochte das Buch schon zu Anfang sehr. Während ich mich in das Buch vertiefte und mich meinen Emotionen hingab, öffnete sich plötzlich die Mitte des Buches und ich sah einen weißen Zettel, worauf der Satz stand: »Jesus liebt dich«. Es hatte ihn jemand mit einem Kugelschreiber darauf geschrieben. Ich war so verblüfft, ich war aufgeregt, dass mir die Tränen vor Freude kamen, so ein eindeutiges und grandioses Zeichen von der geistigen Welt hatte ich gerade erhalten. Ich war einfach nur glücklich. Ich schaute alle Seiten des Buches noch einmal durch, um vielleicht noch etwas an Botschaften oder Zeichen zu finden. Ich war sprachlos, aber ruhig. Wie konnte das passieren? Meine angespannte Gemütslage hatte sich abrupt aufgelöst und ich fühlte absoluten Frieden in mir. Meine geistigen Helfer haben mich daran erinnert, dass sie da sind und dass ich nicht traurig sein muss. Sie wollten auf sich aufmerksam machen und das haben sie absolut geschafft. Es war ein wunderbarer magischer Moment für mich. So kann es passieren, dass sich die geistige Welt auf ungewöhnliche Weise zeigt. Deshalb bitte ich dich, sei geduldig mit deiner spirituellen Entwicklung, alles braucht seine Zeit und auch seine Entwicklung. Du wirst vorankommen, du wirst gelobt und du wirst deine Zeichen und Geschenke bekommen. Hab nur Geduld. Wer Geduld hat, wird reichlich beschenkt.

Ich erinnere mich noch ganz genau, wie ich als Kind in traurigen Momenten immer an Gott dachte und mit ihm gesprochen habe, wenn es mir nicht gut ging oder ich traurig war, obwohl ich nicht genau wusste, wer Gott ist. Ich hatte keine Vorstellung von ihm, wie er aussah, aber ich hatte immer das Gefühl, dass da etwas ist, was mich erhört und mir helfen kann. Ich bin immer in das Zimmer meiner Eltern gegangen, da konnte man auf einen schönen Wald schauen und mitten im Wald war ein goldenes Kreuz zu sehen. Riesengroß und nicht zu übersehen. So habe ich es mir jeden Tag angeschaut und dabei mit Gott gesprochen. Mich verblüfft es immer wieder, wenn ich daran denke, dass ich schon in so einem zarten Alter die Verbindungen zur geistigen Welt gespürt habe. Ich fühlte mich nie allein, ganz im Gegenteil, ich spürte die Verbindung mit der geistigen Welt in mir. In der Schule, wenn mich Schüler mal wieder geärgert oder gehänselt haben, nahm ich mir mein Heft zur Hand und schrieb Gott mein Leid und meinen Kummer während des Unterrichts: »H. L. G. = Hallo lieber Gott«. Das war immer mein Anfang und immer habe ich die Wörter abgekürzt, damit meine Mitschüler oder die Lehrer nicht verstehen konnten, wem ich schrieb, denn es konnte durchaus passieren, dass man mir den Zettel wegnahm und sah, dass ich Briefe an Gott schreibe. Diesem Gelächter wollte ich unbedingt aus dem Weg gehen. Der liebe Gott, auch wenn meine Familie nicht besonders religiös ist, war immer da und heute weiß ich, dass ich schon in jungen Jahren eine fantastische Verbindung zur geistigen Welt hatte.

Ich wollte immer in den Wald gehen und das große Kreuz suchen, das ich aus dem Zimmer meiner Eltern sah. Also gingen meine Schwester, meine Schulfreundin und ich eines Tages dorthin. Mir kam der Weg zum Wald so endlos lang vor. Ich hatte wirklich Mühe durch den Wald zu gehen, es kam mir vor wie eine Ewigkeit. Ein plötzlicher Schrei der Mädchen riss mich aus meinen Gedanken. Ich drehte mich um und sah auf das große, schon fast überdimensional wirkende, goldene Kreuz. Das war also das Kreuz, das ich immer aus dem Fenster sah. Wie beeindruckend, direkt davor zu stehen. Ich fühlte mich großartig, weil wir es geschafft hatten, den Weg hierhin zu bestreiten und weil mir der tagtägliche Anblick des Kreuzes so wichtig war. Ich fasste das Kreuz an und ein schönes Gefühl überkam mich, als hätte ich etwas gewonnen.

Zurück im Restaurant angekommen, warteten leckere Cevapcici mit Pommes auf uns, die meine Mama zuvor für uns vorbereitet hatte. Nachdem ich mit dem Essen fertig war, ging ich hoch in die Wohnung und eilte sofort in das Zimmer meiner Eltern, setzte mich auf das Bett und schaute aus dem Fenster. Welche Motivation hatte ich diesen langen, steilen Weg durch den Wald zu gehen, was war mein Antrieb, warum war es mir so wichtig, bis zum Kreuz hoch zu laufen, um es einmal anzufassen? Ich schaute hoch zum Kreuz und sagte innerlich zu mir selbst: »H.L.G.= Hallo lieber Gott«. Es gab mir immer wieder Kraft. Immer wieder.

DIE GEISTIGE WELT

Ich habe mich schon immer für die Menschen, ihre Geschichten und ihr Leben interessiert. Schon als Kind habe ich es geliebt, mich in die Menschen hineinzuversetzen und mich hineinzufühlen. Als ich als Kind abends mit meinem Papa im Auto unterwegs war, fand ich es immer interessant in die vorbeifahrenden Häuser zu sehen und ich fragte mich oft, was die Menschen wohl gerade machen, wie sie leben, was sie tun. In andere Leben oder Menschen zu fühlen, das war für mich als Kind schon immer interessant und sehr schön für mich. In diesem Buch zeige ich dir, welche Erfahrungen ich mit der geistigen Welt gemacht habe, welche Zeichen ich bekommen habe und wie ich lernen musste, in schwierigen Situationen im Vertrauen zu bleiben. Dazu möchte ich dir aber erst einmal ein wenig über die geistige Welt erzählen. Wer oder was ist die geistige Welt? Gibt es wirklich etwas, das größer ist als wir? Nun, die geistige Welt ist unsere Heimat, unser eigentliches Zuhause. Dorthin reist die Seele, sobald der physische Tod eintritt. Die Seele verlässt den Körper und steigt auf in das Licht. Wir sind Seele. Wir sind Licht. Als Menschen haben wir uns inkarniert, um zu lernen und um zu wachsen. Unsere Seele hat es sich zur Aufgabe gemacht, auf dieser Erde zu wachsen, dies geschieht in Form von Prüfungen oder schweren Herausforderungen. Krankheiten gehören meist auch zum Wachstum der Seele dazu. Ich weiß, dass das alles gerade für dich ziemlich aufregend oder beängstigend wirkt, aber liebe Seele, sobald du dich deiner spirituellen Entwicklung öffnest, wirst du alles viel klarer sehen. Du wirst Zusammenhänge viel schneller verstehen und Antworten in all deinen Lebensbereichen finden. Deine Tränen werden trocknen, weil du erleichtert deine Erkenntnisse bekommen wirst. Aha-Momente werden dich überraschen. Du wirst sehen, welch eine große Rolle deine Familie und deine Ahnen spielen. Zu diesem Thema des Familienkarmas werde ich in einem späteren Kapitel mehr schreiben. Du wirst viel über dich selbst erfahren und über deine innerliche Leere, die du vielleicht in dir trägst und auch fühlst. All das und noch viel mehr wird dir die Augen öffnen. Das wird in der Regel eine intensive Zeit und nichts wird mehr so sein, wie es war. Dein Leben wird sich komplett verändern. Du wirst den Wunsch haben dein Umfeld zu ändern, Menschen die du schon lange kennst, werden dich nicht mehr wiedererkennen und versuchen dich vielleicht mit Kommentaren oder Sprüchen zu verletzen, wie sehr du dich doch verändert hast. Lass dich davon bitte nicht verunsichern, sondern gehe weiter deinen lichtvollen Weg. Dein Weitermachen ist ganz wichtig, denn die andere, negative Seite versucht stets unsere positive Entwicklung zu blockieren oder aufzuhalten. Drum übe dich immer im Vertrauen zu bleiben, bete viel, meditiere oder praktiziere Yoga. Gehe spazieren, ein langer Waldspaziergang bewirkt Wunder. Das merke ich immer, wenn ich aus der Stadt ins Grüne fahre und sobald ich das Gras unter meinen Füßen spüre oder die Natur um mich herum habe, werde ich sofort ruhiger und gelassener.

Schaue auch, dass du dich gesund ernährst, denn dann hörst du die geistige Welt besser und du wirst einen besseren Empfang zum Universum haben. Du kannst die Energie hoch halten, indem du dir beständige Gewohnheiten und sinnvolle Rituale aufbaust. Das Zauberwort hierbei ist die Beständigkeit. Zünde ein Räucherstäbchen und Kerzen in deiner Wohnung an, um die Energie zu erhöhen. Lass schöne, meditative Musik laufen, es können auch Kirchenglocken sein, einfach das, was dich in dem Moment berührt. Vielleicht hast du Kristallsteine oder Engelbilder, all das kannst du dir als Inspiration zurecht stellen. Du erstellst dir praktisch deinen eigenen Altar. So kannst du täglich zur Ruhe kommen und vor dem Altar deine Rituale durchführen. Du kannst beten, Fragen stellen oder deinen Kummer loswerden. Die Antworten wird dir die geistige Welt schnell liefern, allerdings auch auf sehr ungewöhnlichem Weg. Du wirst vielleicht einen Song im Radio hören, der dir deine Antwort gibt oder du bist unterwegs und auf einem Auto siehst du eine Aufschrift oder einen Namen. Vielleicht siehst du einen Schmetterling oder einen Raben, all das sind Zeichen für dich aus der geistigen Welt. Sei achtsam und du wirst die Zeichen richtig deuten können.

Ich hatte an einem Tag großen Kummer auf der Arbeit. Es sollten Ungereimtheiten mit den Kunden geklärt werden. Die Situation war schwierig und setzte mir dermaßen zu, dass ich das Gefühl hatte, ich komme aus dem Strudel nicht mehr heraus. Ich setzte mich hin und zündete eine Kerze an. Ich räucherte den Raum, in dem ich war, leise ließ ich Meditationsmusik laufen und kam so zur Ruhe.

Ich ließ mich gedanklich einfach fallen und fing an mit Gott zu reden: »H. L. G., Hallo lieber Gott …». Ich sagte ihm, dass ich dringend Hilfe brauche, da ich nicht mehr weiter weiß und teilte ihm meine Sorgen mit. Nachdem ich das Gebet sprach, fühlte ich mich erleichtert und insgesamt besser. Ich machte das Radio an und es ertönte der 1980er Jahre Song von Eurythmics »Talking To An Angel«. Wow, was für ein sensationelles Zeichen habe ich von dem lieben Gott als direkte Antwort auf mein Gebet bekommen. Vor Freude liefen mir die Tränen, er hatte mich erhört und dafür war ich so unendlich dankbar. Das Gespräch mit den Bankkunden verlief fantastisch und zur vollsten Zufriedenheit der Kunden und auch von mir. Dies ist nur ein Beispiel von einigen Möglichkeiten und Zeichen, die uns Gott, aber auch die Engel senden. Seid immer achtsam, ihre Botschaften könnt ihr nicht übersehen oder überhören.

Ich bin mir sicher, dass es eine große Bereicherung wäre, wenn man Menschen bereits im jungen Alter mit den Themen Spiritualität sowie Förderung der eigenen Talente und Gaben in Verbindung bringen würde. Die Sensibilität hierfür wäre eine ganz andere und zudem hätten Menschen weniger Sorgen und Kummer oder wüssten sich zumindest deutlich besser zu helfen. Es gäbe weniger depressive Leute und die Menschen würden verstärkt in Berufen arbeiten, die auch wirklich zu ihnen und ihren Talenten passen. Wie viele Menschen arbeiten täglich in Berufen, die nicht zu ihnen passen, sie sind über- oder unterfordert, dadurch unzufrieden und unglücklich. Vielleicht findest du dich in diesen Zeilen wieder, liebe Seele. Deshalb ist es umso wichtiger, dass du sie hier und heute liest. Dann ist es ein Zeichen für dich, etwas daran zu ändern. Sei offen und öffne dich für ein Leben in Fülle und Frieden. Dreh dich nicht mehr um, sondern gehe stolz deinen hellen, lichtvollen Weg. Menschen, die dich wirklich aus vollstem Herzen lieben, bleiben bei dir, alles andere darf gerne gehen. Weil du es wert bist, dass dich nur positive Menschen begleiten. Und von den schmerzhaften Erfahrungen hast du gelernt. Weil du gut und lieb bist, hast du ein erfülltes Leben verdient. Für nichts ist es zu spät, für nichts bist du zu alt, für nichts ist der Weg zu weit. Alles darf sein, alles darf fließen. Es ist an der Zeit, dass du deinen eigenen Weg gehst und dass du dich von allem, was dich daran hindert, löst. Natürlich wird dir vieles anfangs durcheinander vorkommen, du bist ängstlich, weil du nicht weißt, ob es richtig ist, diesen Weg zu gehen. Dann wird es Menschen geben, die dich anders sehen oder dir sagen, du hättest dich verändert. All das gehört dazu und das haben vor dir schon zig Millionen Menschen genauso durchlebt. Sobald du anfängst, dich um dich selbst zu kümmern und Selbstliebe zu entwickeln, sobald du dein Familienkarma auflöst, sobald du deinen lichtvollen schönen Weg gehst, wird es immer Leute geben, die es nicht gut finden und dich davon abhalten wollen. Lass dich davon nicht beirren und denke bitte immer daran, du bist dein bester Freund. Natürlich hast du einen tollen Partner oder tolle Freunde, die dich in deinem Leben begleiten und die bei dir sind. Letztendlich ist es trotz alledem wichtig, dass du mit dir selbst im Reinen bist, das heißt, dass du dich nicht abhängig von Personen oder Lebenssituationen machst. Du stehst für dich und deine Werte ein, egal, was im Leben passiert.

Mache dich frei, löse Abhängigkeiten. Denn niemand hat Kontrolle über dich, außer du selbst. Das ist ganz wichtig. Lerne loszulassen. Das wirst du schaffen, es wird nicht von heute auf morgen gehen, aber gib dir Zeit und du wirst sehen, wie wunderbar dein Leben sein wird.

Als ich eines Tages eine gute Freundin besuchte, machte ich eine erschreckende Erkenntnis. Während meines Besuches bei ihr wurde mir bewusst, wie sehr sie Opfer ihrer Umstände war. Ich habe beobachtet, dass sie keine Zeit für sich und ihre Interessen oder Wünsche hatte. Sie war zu hundertprozentig von ihrer Familie eingespannt worden und nicht einmal einen kurzen Augenblick hatte sie Zeit sich unserem Treffen zu widmen. Ich bin bereits nach einer kurzen Zeit nach Hause gefahren und habe mich gefragt, wann diese gute Frau aufwacht, um etwas zu ändern.

Wenn wir in die Opferrolle fallen oder uns für andere Menschen aufopfern, machen wir einen großen Fehler, der sich vielleicht auch auf die Emotionen und die Gesundheit auswirken kann. Ich bin mir sicher, dass sich einige gesundheitliche Symptome auf das Familienkarma zurückführen lassen. Ausnahmen gibt es natürlich immer. Selbstverständlich wird ein Arzt bei entsprechenden Symptomen aufgesucht. Ich habe viele Fälle erlebt, wo Personen krank oder depressiv wurden. Jahre sind vergangen, bis sie letztendlich herausgefunden haben, dass es das negative Familienkarma war, das sie fest im Griff hatte.

FAMILIENKARMA

Was bedeutet eigentlich Familienkarma? Jeder Mensch, der auf die Welt kommt, hat ein Familienkarma. Es gibt ein gutes und ein schlechtes Karma. Ein Familienkarma bedeutet, dass alle Erfahrungen und Energien bis hin zu traumatischen Erfahrungen oder Erlebnissen in Energien abgespeichert werden. Alle Erfahrungen, die von unseren Ahnen gelebt wurden, sind in unserer Energie gespeichert. Das bedeutet, dass Ängste oder depressive Verstimmungen von dir weitergelebt werden können, solange du dich nicht von deinem Familienkarma löst. Ich habe mit zahlreichen Menschen über dieses wichtige Thema gesprochen und viele erzählten mir, dass sie laut den Ärzten rein schulmedizinisch kerngesund sind. Ständige Untersuchungen ergaben immer wieder einwandfreie Diagnosen – Organisch gesund. Es dauerte bei vielen davon lange, bis sie herausgefunden haben, dass es das negative Karma war, das sie beeinträchtigte.

Ich hatte in der Vergangenheit ständig mit heftigen Panikattacken und Angstzuständen zu tun. Diese waren schon so fortgeschritten, dass ich immer wieder wichtige Termine verschoben habe. Die plötzlich eintretenden Panikattacken machten mir meinen Alltag unerträglich. Bis zu dem einen Tag, der mein ganzes Leben veränderte. Ein Schlüsselerlebnis hatte mir endlich die Augen geöffnet und mir so ein freieres Leben geschenkt. Ich habe über viele Jahre hinweg immer wieder gegen Angstattacken zu kämpfen gehabt. Es war schrecklich für mich und es schien unlösbar zu sein. Ich hatte mir einen Termin bei der Akupunktur gemacht. Die Akupunkteurin ging mit mir zunächst alle gesundheitlichen Aspekte durch, um im Anschluss die Nadeln an die Stellen zu setzen, wo es ihrer Meinung nach notwendig war, um die Beschwerden zu lösen. Die Akupunkturbehandlung dauerte ca. drei-ßig Minuten und währenddessen musste die Behandlung immer wieder von mir unterbrochen werden, da ich plötz-lich Panikattacken bekam. Nach mehreren Behandlungen riet sie mir, mit der Akupunktur aufzuhören und mich einem viel wichtigeren Thema zu widmen: Meinem kar-mischen Problem, das ich scheinbar hatte. Dies könnte man mit Akupunktur nicht beheben. Ich sollte mich meinem persönlichen Familienkarma widmen, denn da wäre die Ursache zu finden. Ich war überrascht, aber auch verunsichert. Konnte es wirklich sein, dass meine Ängste durch das Familienkarma kamen? Ich habe erst einmal daran gezweifelt, ob dies denn wirklich der Grund für meine Angst war. Letztendlich habe ich nach einiger Zeit der Recherche und der intensiven Selbstreflektion er-kannt, dass meine Angstattacken eine von vielen großen Problemen sind und natürlich gehört mein negatives Fa-milienkarma dazu. Es hat lange gedauert, bis ich für mich realisiert hatte, welche Belastungen und gesundheitliche Einschränkungen energetisch an mir hafteten.

Wir müssen wissen, dass gesundheitliche Probleme nicht immer auf die organische Gesundheit zurückzuführen sind, denn spirituelle Aspekte wie etwa das Familienkarma können wie in diesem Fall zu erheblichen gesundheitlichen

Einschränkungen führen, obwohl der Mensch klinisch gesund ist. Aber wie löst man das negative Familienkarma auf? Wie löst man die negativen Anhaftungen? Die Antwort darauf ist simpel, dafür aber enorm bedeutsam und lebenswichtig: Komme in deine eigene Kraft! Indem du in deiner eigenen Energie schwingst, lebst du dein vollkommenes, glückliches Leben. Das bedeutet, du lebst dein Leben und richtest es selbstbestimmt aus. Was bedeutet das? Sei finanziell unabhängig. Tue und lebe dein Leben so, wie du es für richtig hältst. Verzeihe dir für vergangene Fehler oder Fehlentscheidungen und verzeihe Menschen, die dich verletzt haben, die Personen müssen nicht unbedingt weiter in deinem Leben existieren, aber du gibst ihnen keine Aufmerksamkeit mehr und somit auch nicht deine Energie, sodass du in deinem Schwung bleibst. Es dient dir einfach zur Befreiung. Reflektiere dein Leben und schaue, wo du Parallelen zu deinem und dem Leben deiner Eltern siehst. Wichtig ist, dass du ehrlich zu dir bist und bleibst. Schaue richtig hin, verschönere nichts. Gestehe dir Fehler ein. Loslassen bedeutet, alles loszulassen, was dir und deinem Leben nicht gut tut und dir nicht mehr dient. Parallelen zu dir und dem Leben deiner Eltern können zum Beispiel die gleichen Gedanken oder Glaubenssätze sein, du sprichst wie deine Eltern und handelst auch so. Du gehst vielleicht den gleichen beruflichen Weg oder du ertappst dich dabei, dass du unterbewusst die Werte deiner Eltern lebst, obwohl du eigentlich vieles anders machen würdest.

Bitte zweifle nicht an dir und deinen Fähigkeiten, die Dinge richtig einzuschätzen, wenn dich etwas ärgert oder du unruhig und nervös bist, dann solltest du schleunigst etwas daran ändern. Gefühle können nicht täuschen. Gefühle senden dir immer ein Zeichen, entweder dass du etwas verändern sollst oder eben auch nicht. Das Gefühl ist immer entscheidend. Um das Familienkarma aufzulösen, kannst du dir auch Unterstützung holen. Ein spiritueller Coach oder ein Medium werden dir dabei helfen, das Karma aufzulösen. Auch eine gute Kartenlegerin kann dir in einem Reading wichtige Hinweise oder Tipps zu deinem Karma geben. Achte bitte immer darauf, dass du dich mit dem Medium wohlfühlst, die Chemie zwischen euch sollte auf jeden Fall passen, das ist ganz wichtig. Eine solche Auflösung des Karmas wird dir sehr intensiv vorkommen, denn du gehst in einen Bereich des Loslassens und da kann es sein, dass du ein emotionales Auf und Ab erlebst. Wie wichtig eine Auflösung des Familienkarmas ist, zeigt das nächste Beispiel.

Ich bin recht früh aus dem Elternhaus ausgezogen. Mit siebzehn jungen Jahren wurde ich überraschend Mama einer wunderbaren Tochter. Und damit beginnt auch schon meine unendliche, eigene Geschichte. Anfang der 1990er Jahre war es noch sehr ungewöhnlich, wenn Jugendliche Kinder bekamen. Mit der Zeit hat sich das in der Gesellschaft geändert. Man kann sich sicherlich gut vorstellen, welcher enorm großen Herausforderung ich mich bereits in jungen Jahren stellen sollte. Schon kurz nach der Geburt meiner Tochter zeigte sich schnell, dass ich mit der mir vorliegenden Aufgabe alleine sein würde. Für mich war es eine riesengroße Aufgabe als Mama die richtigen Entscheidungen zu treffen. Ich war doch selbst noch so jung und unerfahren. Wie sollte ich das alles schaffen? Ich wollte immer die Mama sein, die man cool findet, die man zur Party mitnimmt. Kurzum: Ich wollte die beste Freundin für meine Tochter sein. Ich war fest entschlossen, mich dieser sensationellen Lebensaufgabe zu stellen. Von allen Seiten kamen immer wieder Stimmen und Meinungen, sogar Diskussionen darüber, wie ich mein Kind zu erziehen habe. Verletzende Worte trafen mich wie ein Pfeil mitten ins Herz und ich fragte mich, wie die Menschen derart über mich und mein Leben urteilen können. In solchen traurigen Momenten habe ich Hilfe und Schutz in der Spiritualität gesucht, ich fing immer wieder an zu beten: H.L.G., Hallo lieber Gott. Ich schaute auf das große, goldene Kreuz. Ich fühlte mich einfach nie alleine, wenn ich mich mit der geistigen Welt verband.

In das Restaurant meiner Eltern kamen immer wieder Menschen, die für kleines Geld die Karten legen wollten. Ich fand das nach wie vor interessant und wollte unbedingt, dass man mir die Karten guckt oder aus der Hand liest. Ich wollte einfach wissen, was mich in der Zukunft erwartet. Ich wollte schon vorher wissen, wie meine Zukunft aussieht. Das wollen wir doch alle, oder etwa nicht? Aber warum macht uns das so neugierig? Warum wollen wir so gerne in die Zukunft sehen? Wenn wir unsere Zukunft schon kennen, erspart es uns Kummer, Sorgen und negative Überraschungen. Wir sind praktisch vorbereitet auf das, was kommt.

Meine Mama rief mich in die Küche und sagte mir, dass am Nachmittag eine Frau kommen würde, um in die Zukunft zu schauen. Als wir gerade mit dem Mittagessen anfangen wollten, klopfte es plötzlich an der Tür. Es war doch Mittagspause und das Restaurant geschlossen, wer konnte das ein? Die Handleserin war schon früher zum Termin gekommen als geplant. Nachdem bereits einige Familienmitglieder sich die Zukunft voraussagen lassen haben, kam ich endlich dran. Ich war aufgeregt, aber vor allem neugierig. Sie sagte mir voraus, dass ich mit meinem Kind allein sein werde. Ich war nervös, denn das ergab zu diesem Zeitpunkt keinen Sinn. Ich war traurig, das wollte ich einfach nicht wahrhaben, das konnte doch nicht sein. Ich rief meine Freundin an, um ihr davon zu erzählen und sie sagte mir genau die tröstenden und aufbauenden Worte, die man in solchen Momenten hören möchte. Wie sehr solche Wahrsagereien jedoch beeinflussen können, habe ich in diesem Moment persönlich bemerkt. Es vergingen einige Monate und die Voraussagen der Handleserin waren eingetroffen. Jetzt war ich also mit 19 Jahren alleinerziehend und meine Lebensaufgabe begann.

KARTENLEGEN

Eine Freundin schenkte mir zu einem meiner Geburtstage Tarotkarten. Ich war damals so glücklich darüber, dass wir täglich die Karten legten und uns daran amüsierten, was wir alles in den Karten deuteten. Es gibt eine große Auswahl an Tarotkarten. Ich hatte bereits von den Lenormandkarten der berühmten Madame Lenormand berichtet. Wenn man sich entscheidet, Karten zu legen, sollte man ein Gespür dafür entwickeln, mit welchen Karten man eine Legung am besten deuten kann, seien es Lenormand- oder Tarotkarten.

Jeder fühlt die Karten anders. Viele haben mich gefragt, ob man das Kartenlegen lernen kann oder ob das einem in die Wiege gelegt wird. Viele haben die Gabe schon seit der Geburt und viele können dies erlernen, vorausgesetzt man hat das Herzchakra geöffnet. Das Herzchakra ist enorm wichtig, wenn man sich spirituell weiterentwickeln möchte. Denn hierüber erhalten wir alle wichtigen Informationen aus der geistigen Welt. Als lichtvolles Medium lehre ich das Kartenlegen in einem Kurs und hierbei ist es wichtig, die Karten mit Gefühl zu deuten, also bringe ich dir das Erfühlen von Informationen bei. Wer zu verkopft ist oder rein rational denkt, wird es schwieriger haben, Infos vom Universum zu empfangen.

Warum ist das so? Weil der Kopf rational denkt und

nichts mit Gefühlen zu tun hat. Der Kopf ist das Ego und das Ego brauchen wir nicht in der Entwicklung der Spiritualität. Der Kopf entscheidet nicht, sondern das Herz. Das Ego muss zum Fall gebracht werden, da es eine Gefahr für die Seele und dessen Entwicklung ist. Denn unser Ego wird uns meistens vom Herzensweg abbringen wollen. Leider hat uns das niemand beigebracht, aber die seelische Entwicklung ist hier auf der Erde immens wichtig für dich. Das Ego wird uns immer Probleme machen, solange wir nicht in unsere eigene Kraft kommen. Das Ego meint, man muss immer besser sein, besser werden, oder gegenteilig gesehen können es Glaubenssätze sein wie: »Ich bin nicht gut genug, ich mag mich nicht, ich muss mehr arbeiten als andere«. Verstehst du, warum es so wichtig ist, dass du nur noch mit deinem Herzchakra fühlst? Wenn wir uns täglich mit unseren Ritualen beschäftigen und uns auf unsere Kraft einstimmen, dann werden wir großartige Erfolgserlebnisse haben. Wir werden Zeichen auf unsere Fragen erhalten. Für Rituale gibt es viele Möglichkeiten, jeder hat seine eigene Vorgehensweise. Tue am besten alles, womit du dich im Einklang siehst. Lange Zeit habe ich mein Zimmer vor jedem Ritual geräuchert. Für mich müssen es immer sehr starke Düfte sein, so wie zum Beispiel Weihrauch, das hebt immer meine Frequenz und sicherlich auch deine. Ich fühle mich immer angehoben und der geistigen Welt näher. Kirchenglocken als musikalischer Hintergrund geben mir zudem eine zusätzliche starke Anhebung. Mit einigen Kerzen, die ich anzünde, und mit meinen Kristallen runde ich mein Ritual ab. So lege ich mich dann auf die Couch und lausche den Klängen und lasse mich einfach fallen. Der starke Geruch des Weihrauchs versetzt mich immer in eine Art Trance. Es passiert mir sehr oft, dass ich viele bunte Pünktchen vor meinem geistigen Auge sehe. Ich kann mich noch an ein Ritual erinnern, da hatte ich wahrlich das Gefühl, dass ich schweben würde. Mein Körper fühlte sich so unglaublich leicht an. Ähnliches ist mir während eines Yogakurses passiert. Während der Tiefenentspannung und den sensationellen hohen Klängen, bin ich so entspannt gewesen, dass ich vor meinem geistigen Auge einen Buddha gesehen habe. Als ich dann aufwachte, erzählte ich der Yogalehrerin davon und sie hat ebenfalls einen Buddha gesehen. Nach jeder Meditation oder einem Ritual durchlüfte ich alle Zimmer in meiner Wohnung. So können negative oder bereits verarbeitete Energien entschwinden.

Das geistige Auge meint den Bereich zwischen den Augenbrauen. Es bildet sich etwas vor dem Auge ab, obwohl man die Augen verschlossen hat. Vielleicht hast du auch schon solch eine Erfahrung machen dürfen. Falls nicht, wirst du sie spätestens bei deiner spirituellen Entwicklung machen oder bei einem Ritual erleben. Das ist unausweichlich.

In meinen Coachings bekomme ich oft die Frage gestellt, wann die spirituelle Entwicklung endet oder vorbei ist und hiermit ist es ganz simpel: Die Entwicklung endet gar nicht und ist nicht zu einem bestimmten Zeitpunkt vollbracht. Denn die Seele lernt und bewegt sich immer weiter. Der Lernprozess geht immer weiter, auch nach dem Ableben hier auf der Erde. Keine Angst, du bist immer beschützt und sehr gut behütet, liebe Seele. Deshalb ist es auch immens wichtig immer in Bewegung zu sein, damit meine ich nicht, dass man sich überarbeitet oder übertrieben Sport macht. Ich meine damit, dass man immer zusehen sollte, dass man sich in seinem Kern weiterentwickelt, sich von Abhängigkeiten löst und von toxischen Beziehungen oder Freundschaften, die einem viel Energie rauben. Das ist ganz wichtig. Denn wer in einer Abhängigkeit lebt, ganz gleich, ob vom Partner oder von anderen Lebensumständen, der wird nie richtig in seine Kraft und Energie kommen und lebt praktisch das Leben der anderen, also fremde Energie. Wache auf, rüttle dich und löse dich von allem, was dich dauerhaft krank oder nervös macht.

EMOTIONALE ABHÄNGIGKEIT

Diese Erfahrung habe ich selbst auch gemacht. Ich habe mich emotional abhängig von Menschen gemacht, weil ich dachte, das sei wahre Liebe. Dem war leider nicht so. Als die Beziehung dann auseinander ging, habe ich den totalen emotionalen Absturz erlebt. Heute weiß ich, dass das alles zu meiner spirituellen Weiterentwicklung gehört hat. Trotz alledem, wenn man noch nicht den spirituellen Weg gegangen ist, erscheint einem so eine Trennung wie ein Desaster. Wie ein Trauma. Alles, was wir im Leben erleben, ganz gleich, ob es gut oder schlecht ist, dramatisch, traumatisch oder leidvoll, alles hat einen Sinn. Dazu gehören leider auch Krankheiten, Kummer, Sorgen und Tränen. Dies dient unserer Entwicklung. Lange Zeit konnte ich das nicht verstehen und vor allem nicht glauben, dass die Seele sich freiwillig eine Krankheit aussucht. Freiwillig durch das Tal der Tränen? So ist es, liebe Seele. Meine Erfahrungen haben dies tatsächlich bestätigt.

Als ich an einem Tag von einem anstrengenden Arbeitstag nach Hause kam, musste ich weinen. Ich dachte an meine Mama. Mit dem Bundeslandumzug habe ich verstanden, dass ich meine Mama nicht mehr regelmäßig sehen würde. Mama hatte Krebs. Diese Diagnose hatte uns als Familie vor Jahren sehr geschockt. Wir stellten uns alle die Fragen, die sich sicherlich jeder in dieser Situation stellt – Warum? Wie konnte das passieren und warum gerade unsere Mama? Vom heutigen Zeitpunkt, Jahre später betrachtet, kenne ich die Antwort allzu gut. Meine Mama hat sich den Weg der Krankheit selbst ausgesucht. Auch das musste ich erst einmal verstehen und verinnerlichen. Während meiner spirituellen Entwicklung habe ich immer mehr dazu erfahren, ich habe viel gelesen, habe mich mit hoch spirituellen Menschen darüber unterhalten und ich selbst habe meine Botschaften diesbezüglich von der geistigen Welt erhalten. Jede Seele, absolut jede Seele hat einen Seelenvertrag abgeschlossen, bevor sie auf die Erde kommt und inkarniert. In diesem Seelenvertrag ist das ganze Leben abgesegnet und sozusagen gespeichert. Das heißt, bevor du auf die Welt kommst, ist bereits alles geschrieben. Menschen, Situationen, Krankheiten, Liebeskummer – all das sind keine Zufälle in unserem Leben, sondern Dinge, die wir schon vor unserer Geburt im Universum mit den mächtigen Führern besprochen haben. Du hast als Seele in Absprache mit stark entwickelten Führern und Erzengeln und dem mächtigen, göttlichen Licht dein Leben als Mensch hier auf der Erde geschrieben. Ich weiß, dass es manchmal schwer zu verstehen ist, deshalb appelliere ich an dich, bitte entwickle dich spirituell weiter. Du wirst großartige Aha-Momente haben und deine wahren Talente und Gaben erkennen und diese dann auch ausleben wollen.

Heute kann ich gut mit der Krankheit meiner Mama umgehen, weil ich mich spirituell stark entwickelt und meine Antworten auf gewisse Fragen gefunden habe. All das hat mir die Augen geöffnet und hat mir gezeigt, wie immens wichtig es ist, sich mit sich selbst und seinen Ahnen zu beschäftigen. Diese wichtige persönliche Entwicklung kann hier auf der Erde eine große Erleichterung für jeden einzelnen sein. Das Verständnis um unsere wahre Existenz und Heimat kann dir in schwierigen Momenten hier auf der Erde Halt geben. Es ist eine Tatsache, dass hoch spirituelle Menschen anders mit Schicksalsschlägen umgehen als Menschen, die sich mit diesem Thema nicht beschäftigen. Lange Zeit habe ich mein Leben reflektiert, ich habe alle meine Lebensumstände, Schicksalsschläge und Traumata durchleuchtet, wollte unbedingt meine Antworten finden. Ich wollte wissen, warum gerade mir so viel Trauriges im Leben widerfahren ist. Ich wusste und fühlte, da gibt es noch mehr, von dem ich noch nichts weiß. Und so erhielt ich durch aktive Arbeit und Gebete immer mehr meine Klarheit und Antworten von der geistigen Welt. Durch die Meditationen oder durch meine intensiven Träume bekomme ich immer Botschaften. Das finde ich nach wie vor so faszinierend, wenn ich morgens aufwache und mich an die Botschaft in meinem Traum erinnere. Aber wie man eine Botschaft im Traum erkennt, werde ich immer wieder gefragt.

An jenem Tag kam ich von der Arbeit nach Hause, der Tag in der Bank war gut und erfolgreich. Ich hatte noch einige Besorgungen gemacht. Ich legte mich an diesem Abend früher als sonst ins Bett, das mache ich gewöhnlich sehr oft, da ich den Tag Revue passieren lasse und vor dem Einschlafen noch intensiv und lange bete. Ich schlief irgendwann sanft ein. Eine zarte, sanfte Stimme sagte immer wieder im Traum zu mir: »Wir müssen dir etwas sagen, wir müssen dir etwas sagen«. Diese Stimme war so rein und friedlich. Ich fühlte eine starke Intensivität. Ich wachte auf und schaute auf die Uhr, es war 23.55 Uhr. Wer war das in meinem Traum, fragte ich mich? Es kam mir vor, als ob sich im Zimmer diese Stimmen weiter erhellten. In diesem Moment klingelte mein Telefon. Ein Mann, den ich während meiner Selbstständigkeit kennengelernt hatte, rief mich um diese Uhrzeit noch an. Ich ging ans Handy und wir telefonierten eine Weile. Als ich nach dem Gespräch den Hörer auflegte, habe ich die fantastische Botschaft von meinen Engeln und der geistigen Welt verstanden. Ich war lange Zeit in diesen Mann unglücklich verliebt und das verletzte mich eine lange Zeit, da ich diesen Mann nicht vergessen konnte. Diese Botschaft im Traum von meinen Helfern, den Engeln, sollte mir mitteilen, dass ich mich endlich von dieser Person lösen sollte, die mir so viel Kraft raubt. Die Botschaft war eindeutig für mich und dafür bin ich sehr dankbar. So weiß ich auch in verwundbaren Situationen, dass die geistige Welt immer Wege findet, uns Nachrichten oder Botschaften zu schicken. Meine Traurigkeit verflog mit der Zeit und ich fühlte Frieden mit mir selbst und meinem Leben. Ich fühlte, dass ich nicht allein war, meine Engel und Geistführer waren immer an meiner Seite, sogar in schwierigen Situationen waren sie immer da.

ENERGIEARBEIT

Liebe Seele, du hast einen schönen Fortschritt damit gemacht, dass du dieses Buch gerade liest, das heißt, du machst einen tollen Anfang in deiner Entwicklung, vielleicht bist du aber auch schon mitten in deinem Prozess. Hiermit möchte ich dich weiterhin ermutigen, an dich und an deine spirituelle Entwicklung zu glauben. Du bist auf dem richtigen Weg und du wirst deine Zeichen und Wunder aus der geistigen Welt bekommen, bleibe einfach immer in deiner Kraft und in deiner Energie. Das ist ganz wichtig. Natürlich gibt es immer wieder Lebenssituationen oder Momente, wo man einfach nicht mehr kann. Ich möchte dich hiermit wissen lassen, dass auch wenn du das Gefühl hast, dass es nicht weitergeht, laufen im Hintergrund deine Veränderungen weiter, nichts bleibt stehen, nichts stagniert. Solange du an dich und deine spirituelle Entwicklung glaubst, wird sich alles so entwickeln, wie es sein soll. Du kannst dir immer gerne Unterstützung suchen. Ein:e Kartenleger:in oder ein:e Heiler:in kann deine Situation noch einmal gut durchleuchten und dir wertvolle Tipps geben. Ich finde das sehr hilfreich, man sollte nicht alles allein durchziehen. Als mediale Kartenlegerin begleite ich viele Seelen durch karmische Lebensphasen und auch durch das Leben. Das hilft viel und die Seele ist mit ihren Themen nicht alleine. Bitte achte darauf, dass wenn du dir Unterstützung von Kartenlegern oder

Heilern suchst, du dabei ein gutes Gefühl hast. Das ist immens wichtig. In erster Linie erkennst du das richtige Medium an deinem Gefühl. Höre auf dein Gefühl und vor allem vertraue darauf, denn es trügt nie. Wichtig ist, dass dir die Person, die dir hilft, sympathisch ist. Denn du wirst eine Weile mit dieser Person zusammenarbeiten und dich dieser Person öffnen. Da muss einfach die Chemie stimmen und eine gewisse Vertrauensbasis gegeben sein. Gute Heiler und Kartenleger werden sich sorgfältig mit deinem Thema auseinandersetzen und mit dir gemeinsam den Heilungsprozess besprechen. Viele Menschen wundern sich über einen energetischen Ausgleich und eine finanzielle Einigung. Ich finde das absolut verständlich, denn wir alle sollten in der Energie des Gebens und Nehmens leben. Energiearbeit kostet viel Zeit und eben auch Energie.

Damals, als ich noch nicht so viel Erfahrung mit der Spiritualität hatte, ermöglichte mir eine Bekannte den Kontakt zu einer Kartenlegerin. Nach monatelangem Kennenlernen, einigen Readings und nervenaufreibenden Terminverschiebungen und nicht sehr respektvollen Verspätungen ihrerseits (ich wartete regelmäßig mindestens 15-20 Minuten auf sie), zeigte sich mit der Zeit, dass die Kartenlegerin mir meinen beruflichen Erfolg nicht gönnte. Sie sah für mich eine goldene, berufliche Zukunft voraus und hat deshalb des Öfteren sehr zynische Kommentare in meine Richtung losgelassen. Ich merkte für mich, dass ich mich bei der Sache nicht ganz wohlfühlte und brach den Kontakt ab. Diese Geschichte soll dir veranschaulichen, dass das Gefühl, das du hast, immer richtig ist. Spirituelle

Unterstützung sollte authentisch, ehrlich und professionell sein.

Die Lenormandkarten sind sehr hervorragend dafür geeignet, in einzelnen Fragen oder in einem großen Deck die allgemeine Situation der Hauptpersonen zu erkennen. Themen aus der Vergangenheit sowie Karma und Traumata können gut in den Lenormandkarten gesehen werden und Botschaften, Tipps und wichtige Ratschläge können aus den Karten hervorgehen. Ich persönlich finde die Karten als Unterstützung wunderbar, natürlich können die Zeitangaben abweichen, denn das Universum und die geistige Welt kennt keine Zeit, das ist ein wichtiger Punkt. Des Weiteren ist wichtig zu verstehen, dass du allein die Geschwindigkeit deines Lebens bestimmst, das bedeutet, dass die Karten dir vielleicht eine schnelle erfolgreiche Situation voraussagen, du aber in deiner Schwingung noch nicht bereit bist die Dinge so rasch umzusetzen und somit Verzögerungen eintreffen können. Bitte bedenke immer, dass vieles seine Zeit braucht, aber auch, dass du die Situationen beschleunigen kannst. Eine gute Kartenlegerin wird dir keine Märchen erzählen, sondern wertvolle, brauchbare Ratschläge mitgeben und dich auf besondere Themen aufmerksam machen, die eventuell wichtig zur Verarbeitung deines Themas sind. Mit der Zeit wirst du bestenfalls eine schöne Energie und ein Vertrauensverhältnis mit dem Medium aufbauen, da du dich ihr oder ihm anvertraust, das sollte dann ein Zeichen sein, dass du dich wohlfühlst.

Das Kartenlegen kann man per se tatsächlich lernen. Jeder, der sich dem öffnet, kann das Kartenlegen lernen. Der entscheidende Unterschied ist nur, dass viele die Gabe und das Talent besitzen, es aber nicht nutzen, weil sie zum einen ein anderes, nicht spirituelles Leben führen oder weil sie das Talent noch nicht für sich entdeckt haben. Es gibt spirituelle Unterstützung, die du dir holen kannst. Es gibt sehr viele nützliche Bücher über die spirituelle Entwicklung oder über Geistführer, aber auch über Einhörner wirst du spannende Bücher finden. Ich habe während meiner Anfänge mit der Spiritualität eine Menge Bücher gelesen, die mir sehr geholfen haben zu verstehen. Das Spektrum dieser Bücher ist unglaublich groß und du kannst dir aus jedem spirituellen Bereich tolle faszinierende Bücher aussuchen. Für deine Anfänge wird dir das in jedem Fall sehr weiterhelfen, genau wie dieses Buch, das du gerade liest. Gerade wenn man noch am Anfang steht, wird dir dieses Buch ein gutes Gefühl geben und vor allem wirst du danach wissen, wie du deine Reise weiter gestalten möchtest. Ich finde es sehr wichtig, sich in allen Bereichen der geistigen Welt Unterstützung zu holen und diese ist auch immer da und vorhanden. Die geistige Welt ist immer bei uns immer unter uns, das sehen leider viele nicht, weil sie sich entweder nicht dafür interessieren oder weil sie zu viel Trubel in ihrem Leben haben. Das ist leider bei sehr vielen Menschen so. Wenn das Leben voller Lärm, Druck, Kummer, Unzufriedenheit oder anderen negativen Emotionen ist oder man sich für einige Menschen aufopfert wie zum Beispiel für die Kinder, den Ehepartner oder die Eltern, dann wird es schwierig sein sich in die Frequenz der geistigen Welt einzuschwingen, denn wer sich für andere aufopfert, wird erst einmal lernen müssen auf eigenen Energien zu stehen. Wer sich von anderen abhängig macht, lebt in den Energien von der jeweiligen anderen Person und das kann sehr unangenehm sein und unerwünschte Nebenwirkungen mit sich bringen, wie zum Beispiel Krankheiten oder Depressionen, um nur zwei von vielen zu nennen.

Natürlich braucht es Zeit, Kraft und natürlich auch Ausdauer. Keiner hat gesagt, dass es ein leichter und schneller Weg ist. Es ist aber machbar und das haben vor uns schon so viele tolle Seelen geschafft, warum solltest du es nicht auch schaffen? Ein Leben zu führen, das man aus eigener Kraft lebt, aus den eigenen Energien heraus, aus der eigenen Power heraus, ohne fremdbestimmt zu sein, ohne dass man das negative Familienkarma fortführt, ohne seelisch oder finanziell von jemandem abhängig zu sein, damit hätte man ein Leben in Fülle kreiert, in Liebe und Dankbarkeit, man würde in einer der höchsten Schwingungen schwingen, nämlich der der wahren und einzigen Liebe und das ist die Liebe zu sich selbst.

SELBSTLIEBE

Die Selbstliebe – Die wohl wichtigste Lektion in unserem Leben. Dich selbst zu lieben und wertzuschätzen ist von so immens hoher Bedeutung. Den wichtigen Satz »Ich liebe mich« solltest du für dich täglich immer wiederholen. Egal, ob du beim Einkaufen bist oder du es als Melodie summst oder du vielleicht beim Sport bist oder beim Autofahren. Lass dir immer wieder diese Worte als tägliches Ritual über die Lippen gehen. Es sollte irgendwann selbstverständlich werden, dass du diesen Satz sagst. Wichtig ist, dass du ihn für dich als Glaubenssatz verinnerlichst und vor allem auch fühlst und im besten Fall auch danach lebst.

Du bist ein toller Mensch, dich gibt es nur einmal auf dieser schönen Welt, Lady Gaia – Mutter Erde. Keiner ist so wie du, du bist einzigartig und das darfst du gerne so annehmen und vor allem auch so leben. Du bist dein bester Freund. Vergiss bitte niemals, dass du dein eigener bester Freund bist. Keiner, absolut niemand kann dich in Abhängigkeiten bringen, wenn du dich selbst gefunden hast. Du lebst deine Macht, deine eigene Kraft aus und das heißt, du bist unabhängig in allem, was du tust und fühlst. Du darfst dir für alles, was dich belastet, vergeben. In erster Linie fängt der wichtigste Lernprozess bei uns selbst an und damit legen wir die Weichen für unsere erfüllte Zukunft. Natürlich ist das Ganze ein Lernprozess und dieser kann gut und gerne über Jahre gehen. Für einige Seelen, die es in diesem Leben nicht lernen, gehen die Lernprozesse in die nächste Inkarnation hinaus und damit in das nächste Seelenleben als Mensch hier auf Erden. Deshalb ist es umso wichtiger, dass wir erwachen, dass wir die Läuterungsprozesse anschieben und uns selbst sehen und uns fühlen. Das Fühlen nennt sich die starke Intuition und das ist der Schlüssel zum Erfolg. Als ich in Berlin wohnte, hatte ich endlich ein Bewerbungsgespräch bei einem Unternehmen ergattert, auf das ich mich freute. Das Gespräch war sehr wichtig für mich, denn als Neuberlinerin wollte ich dringend einen guten, neuen Job antreten. Mit großem Optimismus bin ich zum Interview gefahren, ich hatte mich an diesem Tag gut gefühlt und stellte mir die Frage, was wohl gleich auf mich zukommt. Je näher ich dem Ziel kam, desto höher wurde meine Unruhe. Ich schob es auf die Aufregung und versuchte, lockerer zu sein. Als ich dann beim Unternehmen ankam, stellte ich fest, dass man nur mit dem Aufzug nach oben fahren konnte, da das Treppenhaus nur im Notfall genutzt werden durfte. Da ich sehr ungern mit Aufzügen fahre, stieg in mir eine noch höhere Nervosität auf, da dies scheinbar die einzige Möglichkeit war, den Termin wahrzunehmen. Irgendetwas veranlasste mich dazu, darüber nachzudenken, wieder nach Hause zu fahren und das Gespräch abzusagen, aber ich wollte die Chance auf den Job und somit auf einen tollen Neuanfang in der Hauptstadt nicht einfach so wegstecken. Ich war hin und hergerissen und wurde immer unruhiger. Schließlich rief ich meine Ansprechpartner des Unternehmens an und fragte nach, ob ich durch das Treppenhaus kommen könnte. In dem Moment wo ich auflegte, stand ein Mann neben mir, der in die obere Etage musste und so stieg ich mit in den Fahrstuhl. Oben angekommen, ging das Gespräch los und die Unruhe ließ mich einfach nicht los. Nach ein paar Monaten, in denen ich bei dem Unternehmen arbeitete, stellte sich heraus, dass mein Engagement und mein Fleiß übersehen und nicht gewürdigt wurden, ganz im Gegenteil, von den anderen Mitarbeitern bekam ich obendrein unschöne Kommentare, was ich darauf zurückführe, dass diese Menschen sich selbst noch nicht gefunden haben und das Thema Selbstliebe und Respekt weit von diesen Personen entfernt war. Ich kündigte den Job bereits nach kurzer Zeit und war heilfroh, dass ich meine Energie diesem Unternehmen nicht weiter zur Verfügung stellte. Und da war es wieder, mein Gefühl und meine Bestätigung, die ich Monate zuvor schon hatte, als ich vor dem Fahrstuhl stand und so unruhig wurde. Meine starke Intuition wollte mir ein Zeichen geben, dass dieser Job nicht richtig für mich ist. Eine weitere Lektion für mich und eine weitere Erfahrung mehr auf mein Gefühl zu hören und vor allem diesem Gefühl zu vertrauen. Vertrauen in uns selbst zu haben und unserem Gefühl voll und ganz die Aufmerksamkeit zu schenken und danach zu handeln, ist das Ergebnis von aktiver und guter Arbeit mit sich selbst.

Wir müssen wissen, dass alles seine Zeit braucht und dass alles, was wir auflösen möchten, erst einmal verstanden werden muss. Das heißt, du musst erleuchten, verstehen, dass du eine Seele hier auf Erden bist. Du fängst an, dich nach dem Sinn des Lebens zu fragen, willst mehr im Leben erreichen, mehr sehen und fühlen außerhalb der materiellen Welt. Dich wird es mehr und mehr in die Natur ziehen. Du wirst den spirituellen Kontakt mit allem und jedem suchen, der für dich und deinen weiteren Entwicklungsprozess dienlich ist. Du wirst anfangen, dich von einigen Menschen in deinem Umkreis zu trennen, weil sie einfach nicht mehr in deiner Energie schwingen. Weil sie dich einfach nicht mehr verstehen, vielleicht bist du schon immer die Person in deinem Umfeld gewesen, die angeeckt ist. Dann ist es nur ein Zeichen mehr, dass du schon immer wunderbar anders warst. Vieles wird sich in deinem Leben ändern, du wirst dich nach Jahren umdrehen und dein altes Leben wird wie ein Film an dir vorbeiziehen, dass dir Glückstränen über die Wangen laufen werden. Du wirst ein vollkommen anderer Mensch sein, der im Einklang mit Körper, Geist und Seele steht. Du bist wunderbar und gesegnet, vergiss das bitte nicht. Das göttliche Licht wird dich leiten indem du dich öffnest und täglich an dir arbeitest, das bedeutet, du meditierst und bewegst dich, zum Beispiel mit Yoga oder Pilates. Hierbei steht nicht das Sportliche im Vordergrund, sondern es ist gemeint, dass du zu deinem Körper findest, ihn verstehst und lieben lernst. Durch die Übungen wirst du merken, wie gut es sich anfühlt, dass du dich mal so richtig ordentlich streckst. Du wirst an einigen deiner Körperstellen merken, wie blockiert oder verkrampft du bist. Wenn man sich spirituell entwickeln möchte und sich mit der geistigen Welt verbindet, ist ein körperlicher Ausgleich wichtig und auch ratsam. Du wirst mit der Zeit sehen und merken, was ich damit meine. Ich bin eher jemand, der den ganzen Tag wandern gehen kann. Ich liebe es einfach. Schon in jungen Jahren, als ich bei meinen Großeltern in Kroatien zu Besuch war und dort die Sommerferien verbracht habe, war es selbstverständlich, dass man bis zu vierzig Minuten bis zum Lebensmittelladen oder zur kleinen Post lief. Wir mussten dann immer über Waldwege laufen, über kleine Bäche und Flüsse. Es war eine richtig tolle aber auch intensive Zeit, als Stadtkind mal das Landleben kennenzulernen, auch wenn es nur in den Sommerferien war. Das waren dann immer tolle Sommerferien. Ich habe es schon als Kind wirklich sehr geliebt. Die Natur und das unbeschwerte Landleben mit all den schönen, bunten Facetten. Deshalb bin ich gerne zu Fuß unterwegs – spazieren und wandern sind auch schöne Möglichkeiten der Bewegung. Alles ist erlaubt und dir selbst überlassen, Hauptsache du bist in Bewegung und an der frischen Luft. Als junge alleinerziehende Mama hatte ich natürlich kein Geld für ein eigenes Auto und habe es mir angewöhnt, meistens zu Fuß mit meiner kleinen Tochter zu gehen. Es hat mir einfach nichts ausgemacht.

Erstelle dir selbst einen Plan, was du gerne sportlich machen möchtest, ohne Zwang, sondern weil du Spaß daran empfindest. Schön wäre natürlich, wenn du parallel dazu deine Ernährung umstellst, vielleicht hast du das auch schon getan, dann ist das prima. Eine ausgewogene Ernährung mit viel Ballaststoffen und guten Fetten ist wichtig und gut. Ich ernähre mich gerne vegetarisch und esse seit langer Zeit gar kein Fleisch mehr. Ich fühle mich einfach besser dabei. Aber das ist natürlich jedem selbst überlassen. Wichtig ist, dass du anfängst, dich und deinen Körper zu lieben und diesen auch zu pflegen. Achte auf dich und sei lieb zu dir. Sei nicht zu streng und zu hart mit dir. Lasse Dinge und Situationen los, die dir wehtun oder dich belasten. Übe dich in Selbstliebe und schaue nach vorn. Gib dir Zeit für alles. Es geht um deine persönliche Entwicklung. Wenn du die spirituelle Reise antrittst, bist du immer durch deine persönlichen Engel und Geistführer geführt und vor allem beschützt. Wir Menschen haben uns daran gewöhnt, dass immer alles schnell gehen muss und wenn dem mal nicht so ist, dann fangen wir an unruhig zu sein. Alles mit der Ruhe, so heißt es doch. Alles wird kommen, aber mit der Zeit. Bleibe schön im Vertrauen und alles wird sich ordnen und sortieren. Auch wenn wir uns schnell und rasant weiterentwickeln möchten, so ist es wichtig den Rhythmus der geistigen Welt zu berücksichtigen, denn auch andere Situationen, Personen und Umstände müssen sich mit deiner Entwicklung anpassen und damit übereinstimmen, damit sich für dich die Dinge und die Schicksalsbegegnungen oder Wünsche und Vorhaben erfüllen. Deshalb ist es wichtig, sich in Geduld zu üben. Ich denke, das ist die herausforderndste Eigenschaft, die du dir anlernen solltest. Ein Beispiel gebe ich dir gerne dazu.

Ich habe beruflich immer nach den Sternen greifen wollen. Ich strebte immer eine erfolgreiche Karriere an und wollte viel erreichen. Aber auch als Motivatorin, die ich mit Leib und Seele bin, habe ich immer davon geträumt, eines Tages auf der Bühne zu stehen, um mein Wissen an die Menschen weiterzugeben und sie zu motivieren. Eines Tages war die Chance zum Greifen nahe. Ich bin auf eine Agentur gestoßen, die Speaker fördert und ihnen die Plattform bietet, auf der Bühne ihre Talente und Gaben zu präsentieren. Im Verlaufe verschiedener Gespräche mit der

Agentur bekam ich Termine für mein Bühnenprogramm. Ihr könnt euch nicht vorstellen, wie glücklich ich darüber war. Gleichzeitig hatte ich dennoch ein mulmiges Gefühl im Bauch. Das Ende der Geschichte – Ich habe keine Bühnenshow umgesetzt. Ich musste ehrlich zu mir sein. Ich fragte mich die ganze Zeit, ob das denn wirklich der richtige Zeitpunkt wäre und ob ich tatsächlich bereit dafür bin. Der Wunsch und die Sehnsucht danach war immens groß, aber war ich wirklich schon bereit, vor einem großen Publikum zu stehen und mein Programm vorzustellen? Ich musste mir eingestehen, dass es noch ein bisschen Zeit und Entwicklung brauchte, um das Ganze rund zu machen. In der spirituellen Entwicklung ist es sehr wichtig, ehrlich mit sich selbst zu sein und sich zu reflektieren. Erst Jahre später habe ich die Erkenntnis gewonnen, dass der richtige Zeitpunkt auch mit äußeren Umständen zu tun hat. Mein Gefühl gab mir die Bestätigung, bereit und offen dafür zu sein, nur hat der richtige Zeitpunkt für etwas auch mit Schicksal zu tun. Also bleib weiterhin im Vertrauen, es kommt alles zur richtigen Zeit und vor allem wird es dann eintreffen, wenn du dafür bereit bist.

Einen Traum zu haben ist das eine, diesen dann zu leben und dafür auch bereit zu sein, das andere. Man muss nichts übers Knie brechen, wenn man noch nicht wirklich bereit dafür ist. Lass den Druck weg und vor allem die Zeit. Das wird dich nur unsicher machen und den Druck verstärken, schneller zu sein. Die Zeit ist das kostbarste, was wir Menschen haben, das wertvollste, ein Geschenk des Himmels, aber wie gehst du mit deiner Zeit um? Verschenkst du sie einfach an Menschen, die dir weh tun und die deinen Wert nicht sehen, oder stehst du morgens schon gut gelaunt auf und startest deinen Tag mit einem Motivations-Song, deinen schönen Glaubenssätzen oder anderen wirkungsvollen Ritualen? Der Tag hat 24 Stunden – Eigentlich genug Zeit, um sich auf das schöne Leben zu fokussieren, Spaß im Alltag zu haben, deine To Dos beiseite zu legen und dir ernsthaft die Frage zu stellen, welchen Talenten du folgen möchtest und wie du diese in deinen Alltag integrieren kannst. Deine Zeit ist das Wichtigste, was du hast und du wirst sie niemals mehr zurückdrehen können. Was, wenn du noch Dinge erledigen möchtest, aber die Zeit schon abgelaufen ist. Was, wenn du einer bestimmten Person nicht mehr sagen kannst, dass es dir leid tut, weil diese Person schon ins Licht übergegangen ist. Was, wenn du dich ärgerst, dass du deine Träume nicht verwirklicht hast, sondern du immer Jobs hattest, die dir nur für den Moment dienten. Was, wenn du immer nur das Leben anderer gelebt hast, weil du den Mut nicht hattest, deine eigene Stimme zu erheben und Nein zu sagen, um dich abzugrenzen. Wie fühlst du dich gerade bei dem Gedanken, dass die Zeit schon vorüber ist und du diese ganzen Situationen oder Umstände nicht mehr ändern kannst? Wie fühlst du dich jetzt in diesem Augenblick, liebe Seele? Traurig oder kummervoll? Fühlst du Wut? Oder gar Angst? Bist du niedergeschmettert, weil du dich fragst, warum du alles so gemacht hast und nicht anders? Das muss so nicht sein. Du hast noch deine ganze Zeit vor dir, alles ist noch möglich, du hast alles im Griff und kannst beruhigt aufatmen, denn was wäre wenn …

MOTIVATION

Ich möchte dich hiermit anspornen und motivieren, dein Leben und deinen Tag wertvoller und intensiver zu gestalten. Setze dich hin, zünde eine Kerze an, das beruhigt und gibt dir eine schöne Atmosphäre. Mache dir leise, beruhigende Musik an und lausche in dich hinein. Wo erkennst du deine Traurigkeit, wo hast du noch Schmerzen? Was bindet dich noch negativ an eine Person, die du noch nicht losgelassen hast? Ich möchte dich hier und heute darauf aufmerksam machen, dass heute dein Leben neu beginnt. Wenn du möchtest und dafür bereit bist, ist ab heute dein erster Tag in deinem Leben, wo du dein wahres Ich lebst und deinen Talenten folgst. Erhebe dich und mache dich groß. Du hast die Macht, über dein eigenes Leben zu bestimmen, du hast deine eigene starke Kraft und Energie. Die Zeit heilt alte und alle Wunden und du allein kannst dies steuern und beeinflussen. Wenn du »ja« zur Heilung sagst, wird sich alles in deinem Leben verändern. Plötzlich und unerwartet. Dann wirst du wahrscheinlich erst einmal eine emotionale Talfahrt haben, du wirst viel weinen, du wirst vielleicht anfangen ein Tagebuch zu schreiben um deinen Gefühlen freien Lauf zu lassen, du wirst dir Gleichgesinnte suchen, bei denen du dich verstanden fühlst, da sie gerade einen ähnlichen Heilungsprozess durchleben. Sich in der Heilungszeit Hilfe zu holen durch ein Medium ist durchaus förderlich, denn das wird dir Ruhe und Erleichterung vermitteln. Du musst dich für nichts schämen, du sollst den Prozess der Heilung annehmen und ihn bis zum Schluss vollenden. Das Ende deines Heilungsprozesses wird dir einen Neuanfang von unbeschreiblicher Weite und Größe und innerer Zufriedenheit schenken. Du darfst das annehmen und dich darüber freuen.

Ich möchte dir ein Beispiel dafür nennen, dass Zeit relativ ist und die geistige Welt keine Zeit kennt. Ich hatte seit meiner Kindheit eine große Vision. Ich hätte niemals gedacht, dass man so etwas schon als Kind sagen kann, aber ja, ich hatte eine Vision. Diese Vision war groß und sehr lichtvoll. Ich wollte hoch hinaus und raus in die große weite Welt, ich hatte einen Auftrag, ich hatte das Gefühl, ich muss die Welt retten, ich muss nach vorne, beschützen, behüten und doch nahm alles einen anderen Lauf in meinem Leben. Ich habe Jahrzehnte gebraucht, um zu verstehen, dass die geistige Welt immer einen besseren Plan für uns hat. Ich musste verstehen, dass ich nur bis zu einer gewissen Grenze Einfluss auf mein Leben habe und ich Wege gehen sollte, die ich anfangs nicht so richtig verstanden habe oder verstehen wollte. Türen haben sich geschlossen, wofür ich kein Verständnis hatte, weil ich hart dafür gekämpft habe, dass sie sich öffnen, aber sie blieben zu. Menschen haben sich aus meinem Leben verabschiedet, gewollt oder ungewollt, dies nennt man dann wohl Schicksal. Diese harten Lektionen sollten mir die Augen öffnen und mich näher zu meiner Seele bringen. Zu meiner Selbstliebe. Ich habe traumatisierende Erlebnisse durchlebt und Gott sei Dank auch überlebt. Ich habe schicksalhafte Umstände erfahren müssen und das alles hat mich trotz alledem nicht härter gemacht, sondern umso wärmer in meinem Herzen. Denn jeder Schlag ins Gesicht war eine Umarmung für meine Seele und ein warmer Puls für mein Herz. Viele Menschen, die meine Geschichte hören, fragen mich oft, ob ich nach allem, was ich erlebt habe, die Menschen immer noch lieben, ihnen helfen, sie motivieren und unterstützen kann? Ich bejahe das immer aus vollem Herzen, denn das ist meine Lebensaufgabe und meine Berufung im Leben. Finde dein Licht wieder und du wirst erleuchten. Fange an zu vergeben, denn das Gift des Hasses und der Rache wird immer mehr deinen Geist und deinen heiligen Körper vergiften bis zur Selbstzerstörung. Fange an die Welt mit den Augen der Liebe zu sehen und du wirst Liebe sehen und fühlen. Fang an mit deinem Gefühl zu arbeiten und schalte den Kopf aus, Rationalität ist Gift für das Weiterkommen in der Spiritualität. Lerne Kritik mit Humor zu nehmen, denn nicht alle Menschen haben gelernt, mit sich in Frieden zu leben. Fange den Schmerz in dir auf und erlöse dich von Trauer, Kummer und Selbstmitleid. Das Wort alleine oder auch all-eine: Ein Weg, den wir alle gehen müssen und ich kann dir sagen, es lohnt sich. Es ist eine große Herausforderung und wenn du dich entscheidest, deinen spirituellen Weg des Erwachens zu gehen, wirst du reichlich und göttlich belohnt. Es braucht alles Geduld und seine Zeit. Ich habe gedacht, dass ich alles in ein paar Jahren durchlebt und verstanden habe, aber da habe ich falsch gedacht. Denn meine persönliche Reise geht schon über vierzig Jahre. Deshalb mein wertvoller Tipp an dich: Lass die Zeit aus dem Kopf und übe dich in Geduld. Du wirst deinen Sieg bekommen und dafür ist schon gesorgt. Jetzt gerade in diesem Moment, wo ich diese Zeilen schreibe, läuten die Kirchenglocken. Wunderbar, was für ein göttliches Zeichen. Wenn du fest im Glauben bist, also ich meine so ganz tief im Glauben, dann wirst du mit der Zeit auch deine Ängste und Panikattacken los. Denn Ängste entstehen meistens aus dem Mangel heraus. Leider hat uns keiner diese wertvollen und überlebenswichtigen Tipps mit auf den Weg gegeben. Ganz im Gegenteil, auch da dürfen wir uns Sätze anhören, dass wir egoistisch seien und selbstfokussiert handeln. Es ist beruhigend und wunderbar, dass sich die Zeiten geändert haben und dass heute die Möglichkeiten anders und besser sind. Eine gute Voraussetzung für dein persönliches Wachstum sind Mut und Neugierde, sie werden dein Antrieb sein und dich weit nach vorne bringen. Verlasse eintönige Situationen, gehe unkonventionelle Wege und horche immer auf deine Intuition, dein Gefühl wird dich leiten und du wirst die Antwort kennen. Du musst lernen, deinem Gefühl bedingungslos zu vertrauen und das hundertprozentig. Das ist nicht einfach, weil wir in einer Gesellschaft leben, wo die Rationalität und das Kopfdenken Überhand haben. Wir wachsen bereits oftmals mit den Glaubenssätzen auf, den Kopf einzuschalten, alles gründlich zu durchdenken, dabei ist das Hellfühlen sowie Hellsehen und nach seiner Intuition zu leben sehr wichtig. Woher weiß man, ob man hellfühlig ist und bereits nach seinem Gefühl lebt? Dazu eine Geschichte.

Lange Zeit fuhr ich berufsbedingt für Seminare und Weiterbildungen in eine andere Stadt. Weil die Anfahrt meist sehr lang war, kam es auch mal vor, dass ich im Hotel übernachtete. Für mich gehörte das zum Business dazu. Ich habe meinen Job einfach geliebt. Ich nahm mir vor, selbst ein Motivationsseminar aufzubauen, das Führungskräfte zur Selbstoptimierung anregen sollte. Das war aber nicht so einfach, da ich zunächst meinen Chef von dieser Idee überzeugen musste. Nach langen Überredungskünsten hatte ich es endlich geschafft, einen Termin für den Pitch meines Seminars zu bekommen. Das war nicht selbstverständlich, da ich erst am Anfang meiner Karriere stand, daher war das Vorhaben von mir zu dem Zeitpunkt sehr mutig. Ich sah es als große Chance und wollte mich bestmöglich darauf vorbereiten. Ich bereitete die Unterlagen vor und war bereits fertig, da lag der Termin noch zwei Monate entfernt. Ich hatte ein extrem gutes Gefühl und war überzeugt von dem, was ich für den Pitch vorbereitete. Trotzdem war ich an einigen Tagen unruhig und mein Ego ließ mich zweifeln, ob mein Seminar gut genug sein wird. Also entschied ich mich, meine Kartenlegerin anzurufen, die mir direkt meine Zweifel nahm und mir versicherte, dass sie einen absoluten Erfolg in meinem Kartendeck sah. Ich fasste erneut Mut und probte immer wieder meine Zeilen, die ich mir auf Motivationskarten geschrieben hatte. Der Termin zur Vorstellung meines Seminars fand an einem Ort statt, für den ich eine zweistündige Autofahrt auf mich nehmen sollte. Zwei Tage vor dem Vortrag stand ich morgens wahnsinnig unruhig auf. Zweifel kamen auf, ich war plötzlich nicht mehr so siegessicher wie zuvor. Ich konnte meinen Unmut nicht verstehen, da ich wochenlang so gut auf diesen wichtigen Tag hin arbeitete und es endlich fast so weit war. Je mehr ich über den Vortrag nachdachte, desto mehr wollte ich ihn absagen. Ich hatte plötzlich null Motivation, ich fühlte mich wie wenn ich nie die Chance zu diesem Seminar bekommen hätte. Ich dachte den ganzen Tag über mich und mein Gefühlswirrwar nach. Ich setzte mich auf meinen Balkon und schaute in den Himmel. Was war nur los mit mir? Ich brauchte Antworten darauf und das möglichst schnell. H.L.G., hallo lieber Gott …

Ich bekam meine Antwort, mein Gefühl gab mir ein eindeutiges Zeichen. Etwas in mir blockierte meine Euphorie, sie war wie weggeblasen, einfach weg. Ich entschied mich, noch am Abend den wichtigen Termin abzusagen. Ich rief meinen Chef an, der verständlicherweise so kurzfristig vor dem großen Tag recht wenig Verständnis für meine Absage hatte. Nach dem Telefonat war ich ruhig, verstand die Welt aber nicht mehr.

Am nächsten Morgen fuhr ich zur Werkstatt, da demnächst einige längere Autofahrten anstanden und ich sichergehen wollte, dass das Auto einwandfrei funktioniert. Der Meister holte mich nach dem Check mit ernster Miene und hochgezogenen Augenbrauen zu sich und teilte mir mit, dass am Auto ein Defekt sei und ich in der kommenden Zeit weder Langstrecken noch auf der Autobahn fahren sollte, bis der Mangel behoben worden ist, denn das könnte nicht gut enden. Ich war geschockt und gleichzeitig hellwach. Wie konnte das möglich sein? Ich verstand die Welt nicht mehr. War das meine Antwort und zugleich meine Rettung auf mein beunruhigendes Bauchgefühl der letzten Tage? War das eine Vorahnung, hatte sich mein Gefühl immer weiter verstärkt, damit ich den Termin absage und nicht mit meinem Auto die weite Strecke auf der Autobahn antrete? Wollte die geistige Welt mich dringlichst über mein Gefühl warnen? Ja, tatsächlich, und da bin ich mir heute ganz sicher, ich hatte eine Vorahnung und bekam ein Zeichen vom Himmel. Die geistige Welt hatte mich über mein Gefühl warnen wollen und mir somit Tage vorher ein stark unruhiges Gefühl vermittelt. Jetzt hatte ich meine Antwort und ich verspürte plötzlich Ruhe und Sprachlosigkeit. Bei dem Gedanken, dass ich doch zum Seminar gefahren wäre mit dem defekten Auto, lief es mir eiskalt den Rücken herunter. Ich hatte eine direkte Warnung von der geistigen Welt über mein Gefühl erhalten und somit konnte etwas Schlimmes verhindert werden.

Es ist magisch und es ist wunderbar, wenn man seine eigenen Gefühle richtig deutet und auch danach handelt. Deshalb sei achtsam mit deinem Gefühl und lerne, auf dein Gefühl zu vertrauen. Wir müssen lernen, mehr auf uns zu hören, auf unsere Stimme, auf unsere Seele. Alle Antworten, die du haben möchtest und brauchst, findest du in dir selbst. Niemand kann dir mehr geben als du dir selbst. Sei dir selbst dein bester Freund. Diesen Satz hast du bestimmt schon oft gehört und vielleicht auch überhört, aber glaube mir, das ist nicht nur ein Satz, sondern das sollte deine wichtigste Aufgabe sein. Klarheit mit dir selbst. Im Einklang sein mit Körper, Geist und Seele. Hast du dich schon einmal gefragt, was der Geist oder die Seele ist? Jeder spricht davon, man solle auf die eigene Seele hören oder dein Geist erhebt sich nach dem physischen Tod und schwingt ins Licht. Aber was genau heißt das alles? Fangen wir von vorne an und der Reihe nach. Deine Seele stammt vom Licht Gottes. Das Universum ist unsere eigentliche Heimat. Der Planet Erde ist wie viele andere Planeten ein Ort um zu lernen, um zu lehren und um zu lösen wie zum Beispiel eine Auflösung des Karmas. Deine Seele ist freiwillig hier auf der Erde, du selbst hast dich dafür entschieden, auf die Erde zu kommen um deine Aufgaben zu erledigen oder einfach nur als Lichtbegleiter zu dienen und zu helfen. Deine Energie ist hier auf Erden sehr wichtig, weil du viel mit deiner Energie erreichen kannst, im besten Fall bis zur Heilung und das ist sehr wichtig. Drum sei dir deiner enorm großen, kraftvollen Energie bewusst. Die Erde ist nicht das zu Hause deiner Seele, es ist ein Planet wie so viele weitere auch, um Erfahrungen zu machen und um dann wieder nach Hause zu gehen, wenn die Reise vorbei ist, also ins göttliche Licht. Das Licht ist unser zu Hause. Deine Seele ist das, was du fühlst und liebst. Du kennst vieles aus deinem früheren Leben, weil vieles abgespeichert ist, nur kannst du dich nicht bewusst an vieles aus deinen früheren Leben erinnern. Dies haben viele Seelen während des Erdenlebens mit einer Hypnose aufgelöst, denn während einer Hypnose-Sitzung reist man in frühere Leben und kann auf diesem Wege viele traumatische Dinge auflösen, die einem noch in diesem Leben zu schaffen machen. Aber auch hier von mir der wertvolle Tipp, eine Hypnosebehandlung nur bei einer Person durchführen zu lassen, bei der du ein gutes und ruhiges Gefühl hast. Das ist wichtig, weil du dich öffnest und weil du deine Energie offenlegst. Im Grunde genommen ist die Reise für uns hier auf der Welt eine Reise, die mit wichtigen Begegnungen und Erfahrungen zu tun hat. Deshalb ist es ratsam, neugierig zu sein und das Leben hier auf Erden als Mensch zu leben und zu erleben. Sei tapfer und gehe auch mal mutige Wege, denn du wirst nie wirklich wissen, was sich dahinter verbirgt, wenn du den Weg nicht gehst.

Mutig zu sein ist nicht schwer, wenn du den Gedanken weglässt, dass dir eine Enttäuschung droht oder du verletzt werden könntest. An dieser Stelle möchte ich dir mitteilen, dass du dich selbst mehr verletzt, wenn du diesen Weg nicht gehst. Kein Mensch hier auf Erden kann dich verletzen, wenn du es nicht zulässt, das heißt, wenn du jemandem deine Aufmerksamkeit oder deine Beachtung nicht schenkst, dann kann dich niemand wirklich verletzen. Achte auf deine Gedanken und auf deine Energie, wenn du dich stark ärgerst oder du das Gefühl der Rache hast, dann solltest du schleunigst zusehen, dass du deine Energie bei dir behältst, denn solange du Ärger, Kummer oder Wut in dir trägst, hat dein Gegenüber eine gewisse Macht über deine Energie und das kann dich dauerhaft kaputt machen. Ich habe viele Menschen kennengelernt, die ihren Zorn und ihre Wut auf das Geschehene nicht kontrolliert und geheilt haben, und das hat zu extrem gesundheitlichen Problemen und Situationen geführt. Wut, Ärger, Rache oder Zorn sind extrem negative und vor allem aggressive Energien, die den Menschen mit der Zeit zerstören können. Diese negativen Energien brauchen das Negative und suchen auch weiterhin im Leben nach negativen Menschen, Situationen oder Umständen, um dies weiterhin zu nähren. Das ist fatal. Die betroffenen Personen halten an negativen Emotionen so lange fest, dass sie sich im wahrsten Sinne des Wortes verbrennen und nicht merken, dass sie sich damit eigentlich selbst zerstören. Leider musste ich dies selber im nahen Umfeld miterleben und ich kann sagen, dass das eine Tragödie und schwer mit anzusehen ist. Deshalb an dieser Stelle noch einmal von mir die Botschaft. Du hast traurige oder traumatische

Erlebnisse in deinem Leben erlebt, diese lassen dich nicht los, du hast Albträume, du fühlst dich deswegen schlecht und zweifelst an dir selbst und deinem Leben. Du spürst Wut und Ärger in dir, du fühlst Aggressionen und tiefen Schmerz. Dein Körper fühlt sich oft warm und unruhig an. Deine Gedanken sind oft schwammig und depressiv. Du kannst nicht klar denken. Du isst viel Ungesundes und hast möglicherweise ungesunde Lebensweisen, weil du zum Beispiel rauchst. Es ist an der Zeit, diese niedrige Energie jetzt und heute umzuwandeln. Das ist ganz wichtig, denn diese stark negative Energie kann dich auf Dauer zerstören. Wandle dies um, fange an dir zu vergeben, denn das kann niemand außer dir selbst. Niemand ist es wert, deine Energie zu nutzen, um sie gegen dich anzuwenden. Heilung ist hier das Zauberwort. Gib dir Zeit zur Vergebung und zur Heilung, liebe Seele. Die geistige Welt wird dich dabei unterstützen, indem du mit der geistigen Welt in Kontakt kommst.

Komme hierzu zur Ruhe, teile deine Ängste und Sorgen mit und du wirst Antworten erhalten. Manchmal wird es vorkommen, dass du ein ruhiges und befreites Gefühl hast, dann ist dies auch ein Zeichen, dass die geistige Welt dich erhört hat. Oder du erhältst Zeichen auf eine andere Art und Weise. Wenn ich Zeichen oder Botschaften bekomme, fühle ich mich vollkommen und leicht. Es ist immer wieder erstaunlich, welche Wege die geistige Welt aufsucht, um uns zu zeigen, dass sie bei uns sind. Die Spiritualität hat mich schon immer fasziniert, es war nur eine Frage der Zeit, wann ich den Weg zu mir selbst finde. Jetzt bin ich ein erfahrenes Medium, das alle Läuterungsprozesse durchlebt hat und habe daher auch kein Problem mehr, wenn ich mal alleine bin. Es gab eine lange Zeit in meinem Leben, da konnte und wollte ich nicht alleine sein. Der Gedanke daran hat mich mehr als erschreckt. So sah ich mich ständig in neuen Freundschaften, nur um nicht alleine zu sein. Heute weiß ich, dass ich damals noch nicht bereit war, mich mit mir selbst zu beschäftigen. Ich war noch nicht bereit, den Weg der Selbstfindung zu gehen. Das ist eine der wichtigsten Lernaufgaben hier auf Erden für uns, die Reise zu dir selbst. Selbstliebe und Vergebung, all das sind wahnsinnig wichtige Lernaufgaben. Niemand kann dir deine Aufgaben abnehmen, aber du kannst dir Hilfe auf deinem Weg holen. Die Welt hat sich Gott sei Dank verändert und ist offener für die spirituellen Aspekte geworden. Heutzutage wird es für die Menschen immer selbstverständlicher, dass sie sich um die Themen der Selbstliebe und ihre eigene Gesundheit kümmern. Sport und gesunde Ernährung werden immer mehr zur Selbstverständlichkeit. Das Bedürfnis, sich in seinem Körper wohlzufühlen, erreicht immer mehr Menschen. Man fährt nicht mehr einfach nur in den Urlaub, sondern macht Wellness, gönnt sich eine Me-Time und legt Wert darauf, sich selbst gut zu umsorgen. Es ist viel wichtiger geworden vierzig Stunden die Woche in sich und sein Leben zu investieren, als einem Beruf nachzugehen, der einen nicht weiterbringt und nicht zu den eigenen Talenten passt. Es zählt nicht mehr das Müssen, sondern das Wollen steht im Vordergrund, und das ist wunderbar. Viele Menschen wagen den ersten Schritt in die Selbstständigkeit, gehen ihren Gaben und Talenten nach und das ist auch gut so. Die Leidenschaft, endlich das im Leben zu machen, was man sich wünscht und dies auch auszuleben, hat stark zugenommen. Ich selbst habe lange gebraucht, um zu verstehen, dass das Leben nicht nur aus Arbeit besteht. Ich war ein Workaholic, die Arbeit war mein Leben. Man ist immer für die Arbeitsbelange da und geht sogar Opfer auf Kosten von Beziehungen, Freunden und Familie ein. Es hat eine ganze Weile gedauert, bis ich das realisiert habe. Ich würde sagen, dass es ein spiritueller Entwicklungsprozess war. Ich bin sehr froh darüber, dass ich mich der Spiritualität zugewandt habe und viele Dinge heute klarer und aus einer gesunden Sicht sehe. Das hat mir im Leben vieles erleichtert und mir sogar das Leben gerettet. Sehr oft habe ich mich gefragt, wie das Menschen handhaben, die nicht an eine spirituelle Heilung glauben, die nicht nach dem Sinn des Lebens suchen. Was passiert mit den Menschen? Woher schöpfen diese Menschen Kraft oder Liebe? Woher nehmen diese Menschen den Mut weiterzumachen oder wie gehen sie mit traumatischen Situationen oder seelischen Schmerzen um?

Ich habe diese Menschen und ihre Geschichten kennengelernt, sie sind teilweise krank geworden oder in ihrem Selbstmitleid versunken. Sie haben keinen Glauben, noch nicht einmal an sich selbst. Ich habe Menschen gesehen, die sich selbst ein schweres Schicksal auferlegt haben, ohne Rücksicht auf Verluste. Das mit anzusehen war schrecklich und zugleich sehr traurig, denn ich habe gewusst, wohin das führt. Abhängigkeiten und Süchte sowie Tränen bis hin zu langwierigen Krankheiten waren die Folgen. Ein Mensch hat im Leben sicherlich seine Höhen und Tiefen und auch Herausforderungen, aber sich ganz aufzugeben und sein Leben zu lassen und zu leiden, das war sicherlich nicht der Plan von der geistigen Welt. Du hast den ersten

Schritt gemacht indem du zu diesem Buch gefunden hast und dieses Buch liest, denn das zeigt, dass du dich weiterentwickeln möchtest und dich seelisch heilen möchtest und das ist wunderbar. Das wird dir ein Leben in Fülle und Frieden schenken. Du wirst wachsen und allmählich in deine eigene Kraft kommen und selbstbewusster werden. Das gibt dir die Kontrolle über dich selbst zu entscheiden. Keiner kann dich manipulieren, du hast deine Stimme und bist somit eine vollkommene Größe.

KARMA

Im Leben geht es doch vor allem darum, zufrieden und vor allem glücklich zu sein. Ich bin sehr dankbar darüber, dass sich so vieles in den letzten Jahren verändert hat. Die Zeit der Heilung und des Erwachens ist angebrochen. Der Schleier vor den Augen vieler Menschen ist verflogen, sie sehen klarer und vor allem sieht man Situationen mit ganz anderen Augen. Man hat verstanden, dass das Leben einmalig ist und vor allem vergänglich, das heißt, die Menschen gehen viel intensiver und bewusster mit dem Leben um und das ist großartig. Natürlich hat jede Seele schon einmal gelebt und einige Seelen sind auch schon öfter hier auf Erden gewesen, allerdings kann sich die Seele nicht bewusst daran erinnern. Dies kann ein Medium erfragen in einem sogenannten Channeling. So heißt das Ritual, wenn ein Medium sich mit der geistigen Welt verbindet und so das Vorleben klar erkennt und darüber berichtet. Aber auch unter Hypnose kann man in frühere Leben reisen und sehen, was man war oder wie man gelebt hat. Man kann genau mitteilen, wo zum Beispiel Probleme waren oder warum man heute noch das ein oder andere gesundheitliche Problem hat. Meistens hängt das auch noch mit früheren Leben zusammen. Energien werden weitervererbt und auch das Wort Karma spielt hier wieder eine wichtige Rolle. Ein unaufgelöstes Karma aus einem vorherigen Leben kann in dem jetzigen Leben einige

Probleme machen, wenn man das nicht weiß, weil man sich zum Beispiel spirituell nicht weiterentwickelt oder kein Interesse für die Spiritualität hegt. Das kann zu einer unendlichen Suche führen. Gesundheitliche Probleme können mit einem Karma zusammenhängen. Das kann man in einem Channeling oder in einer Hypnosesitzung feststellen. Durch das Auflegen der Karten teile ich meinen Kunden mit, was für ihre weitere Entwicklung wichtig ist. In dem Reading erkenne ich energetische, aber auch karmische Blockaden. In einem Jenseitsreading ersehe ich die früheren Leben der Fragenden und kann somit Rückschlüsse auf die gegenwärtige Situation ziehen, die der Person wichtig ist.

Auch hier wieder der wichtige Hinweis von mir, dies bitte nur bei Personen durchführen zu lassen, die dir kompetent erscheinen und wo du ein gutes Gefühl hast. In frühere Leben zu reisen bedeutet im übertragenen Sinne auch mutig zu sein und sich allem zu stellen, was man sieht und mitgeteilt bekommt. Mit sich selbst im Einklang zu sein heißt auch, sich die unschönen Momente oder Situationen anzuschauen und diese dann zu verarbeiten und zur Heilung zu bringen, um sie dann loszulassen. Du wirst dann Frieden spüren und du befreist dich vom Gift der Trauer. Das gibt dir eine neue mentale Gesundheit und physisch wirst du dich kräftig und stark fühlen. Denke bitte immer daran, du bist Energie, du bist stark, niemand kann dir weh tun, solange du es nicht zulässt. Du wirst die Erfahrung machen, dass je größer und lichtvoller du wirst, desto besser wirst du mit unschönen Situationen umgehen können. Damit meine ich je mehr du deine Themen in die Heilung bringst und du anfängst dich selbst zu lieben und zu schätzen, desto mehr wirst du die Dinge aus der höheren Perspektive sehen und fühlen, du wirst es aus einer höheren Warte sehen und das gibt dir ein besseres Verständnis für die jeweilige Situation. Du wirst das Gefühl haben, es zu verstehen, warum dir dieses oder jenes widerfahren ist. Dein Gefühl wird sich nicht dem Negativen hingeben, weil du leidest. Du wirst verstehen und vor allem wirst du anders mit dem Schmerz und der Situation umgehen.

NAHTOD-ERFAHRUNGEN

An einem sonnigen Tag besuchte ich meine Mama im Krankenhaus, ich war froh, dass ihre Operation gut verlief und ich freute mich sehr darauf, sie zu sehen. Ich klopfte leise an ihre Zimmertür und als ich diese öffnete, sah ich eine Frau, ihre Zimmernachbarin, sitzend vor dem Fenster. Ich konnte die Frau nicht richtig sehen, da sie mit dem Rücken zur Tür saß. Ich schaute mich nach meiner Mama um und als ich sie sah, umarmten wir uns herzlich. Ich bemerkte, dass sich die Frau im Zimmer immer noch nicht umdrehte, ich spürte ihre Energie und ich fühlte eine gewisse Neugier in mir. Wer war diese Frau, die ein solches Gefühl von Neugier in mir auslöste? Die Frau setzte sich im Verlaufe des Mittags zu uns an den Tisch und blickte mir beim Gespräch tief in die Augen, als ob sie jemanden durchschauen konnte. Sie sprach sehr deutlich und klar und war sehr kommunikativ. Sie erzählte von ihrer verstorbenen Tochter und sagte zu meiner Mama, dass sie das Gefühl hat, dass meine Mama ihre verstorbene Tochter ist. Denn sie fühlte sich so sehr zu meiner Mama hingezogen, dass sie glaubte, dass die Seele ihrer verstorbenen Tochter meine Mama ist. Meine Mama fand das eher amüsant als interessant, aber bei der Frau hatte ich das Gefühl, dass sie das sehr ernst meinte.

Und tatsächlich fing diese Frau an, meine Mama zu umsorgen. Ich hörte weiter gespannt zu, was die Frau erzählte. Ihre Art und Weise, wie sie sprach und wie sie mich die ganze Zeit ansah, war sehr mystisch. Sie erzählte uns eine schicksalhafte Geschichte, in der sie eines Morgens einkaufen gehen und vorher noch zur Bank gehen wollte. Bei der Bank angekommen, verlor sie ihr Bewusstsein und fiel auf den Boden. In der Zeit, bis die Rettungskräfte eintrafen, erzählte sie uns, wie und wo sie war. Sie konnte sich daran erinnern, dass sie zwischen Himmel und Erde gewesen war. Sie schaute zu mir und sagte, dass zwischen Himmel und Erde noch viel mehr existiere, das wiederholte sie mehrere Male. Sie hatte zu dem Zeitpunkt des Vorfalls überhaupt keine Angst, erzählte sie uns weiter. Ich hörte ihr aufmerksam zu, aber ich konnte sie nichts fragen, weil ich so eingeschüchtert von ihrer Präsenz und von dem war, was sie berichtete. Ich hatte große Ehrfurcht davor, nachzuhaken, was es denn wohl noch zwischen Himmel und Erde gibt. Sie sprach weiter und kam zu dem Punkt, als sie erzählte, wie sie ihre Augen öffnete. Sie lag auf dem Boden und ein Bankangestellter sah sie an und fragte, ob alles in Ordnung sei. Als sie später auf sein Namensschild blickte, sah sie, dass sie es mit Herrn Engel zu tun hatte, der ihr nach oben half. Kurze Zeit später erfuhr sie, dass sie reanimiert worden war und einen Herzstillstand erlitten hatte. Sie guckte mich immer und immer wieder an, als ob sie mir was mitteilen wollte. Ich bin mir sicher, dass, wenn ich weitergefragt hätte, sie noch mehr erzählt hätte. Auf dem Heimweg dachte ich die ganze Zeit darüber nach und mir gingen so viele Gedanken durch den Kopf. Diese Frau war kurz im Jenseits und konnte darüber berichten, was sich zwischen Erde und Himmel befindet. Das fand ich so erstaunlich und zugleich war ich beeindruckt von ihrer Geschichte. Natürlich, und das hatte ich schon erwähnt, hat mich das Thema Spiritualität schon immer interessiert und ich war dafür offen, aber bis zu diesem Moment hatte ich einfach keine Begegnungen wie diese. Als ich Zuhause ankam, legte ich mich auf die Couch und dachte darüber nach, was wohl alles zwischen Himmel und Erde liegt? Ist es größer als wir Menschen? Ist es mächtiger als wir Seelen? Ich war so in meinen magischen Gedanken versunken, dass ich einfach so einschlief.

Mein Telefon klingelte und erinnerte mich an meinen Termin zur Akupunktur. Also ging es los zur Heilerin, eine nette Frau, die sich mit Akupunktur gut auskennt. Hier ist es wichtig zu erwähnen, dass diese Akupunktur nichts mit der Geschichte zu tun hat, die ich eingangs oben erwähnt habe. Dort angekommen, roch es nach Raucherstäbchen und Lavendel. Die Frau ging mit mir alle gesundheitlichen Aspekte durch und sagte dann, dass sie bei mir eine Akupunktur mit kleinen Nadeln durchführen möchte, aber auch mit winzig kleinen Kugeln arbeiten möchte, die sie an relevante Meridiane klebt, damit die Energie besser fließen kann. In der chinesischen Medizin nennt man dies QI, also Lebensenergie. Die Heilpraktikerin wollte so meine Lebensenergie wieder ins Gleichgewicht bringen. Ich fühlte mich bei der Heilpraktikerin gut aufgehoben und hatte ein gutes Gefühl bei ihr. Sie erzählte von ihren vielen Erfahrungen, die sie mit Kunden gemacht hat, aber auch von ihrer Leidenschaft zur chinesischen Akkupunktur. Ich hörte ihr beim Sprechen gerne zu, ich mochte ihre Art und Weise, wie sie mit mir sprach, ich hatte das schöne Gefühl der Ruhe in mir. Nach gut einer Stunde war die Behandlung vorbei. Am Abend ging ich früher schlafen, da ich sehr müde war, die Heilpraktikerin hatte mir schon gesagt, dass sehr starke Müdigkeit auftreten kann, weil der Körper arbeitet und die Energie wieder in Gang kommt. So legte ich mich hin und schlief prompt ein.

In meinem Traum wusste ich nicht, wo ich mich befinde oder was ich dort zu suchen hatte. Ich erinnere mich an ein schönes, grelles, warmes Licht und dass ich ständig wiederholte, dass ich noch nicht sterben wollte. Am Morgen wachte ich auf, erschrocken über den Traum und das, was ich darin wiederkehrend zu mir selbst sagte. Ich war erstaunt darüber, dass ich keine Angst verspürte, sondern ganz ruhig war. Dennoch wollte ich der Sache auf den Grund gehen und wissen, ob der Traum eine Botschaft für mich sein sollte. Aufgeregt holte ich mein Handy heraus und rief die Heilpraktikerin an. Sie sagte, ich solle gerne zu ihr in die Praxis kommen, um darüber zu sprechen. Ich fuhr zur Heilpraktikerin und berichtete von meinem Traum. Als ich daran dachte, fühlte ich mich leicht und gut, aber ich wollte unbedingt wissen, was das zu bedeuten hatte. Sie maß meinen Puls und musste erstaunlicherweise feststellen, dass dieser sehr niedrig war. Sie teilte mir mit, dass ich im Traum eine Offenbarung erhalten habe. Wenn ich im Traum nicht so oft gesagt hätte, dass ich noch nicht sterben möchte, dann wäre ich sehr wahrscheinlich in dieser Nacht ins Licht übergegangen. Das hatte gesessen, ich war baff und ohne Worte. Ich musste mich erstmal sammeln, mit solch einer Nachricht hatte ich nicht gerechnet. Eine Offenbarung im Traum zu bekommen ist etwas besonderes und magisches zugleich. Man bekommt sozusagen auf übernatürliche Art und Weise eine göttliche Mitteilung und diese sind sehr wertvoll. Hast du auch schon einmal solch eine Erfahrung gemacht oder eine übernatürliche Botschaft erhalten? Jeder kann eine übersinnliche Botschaft erhalten, man sollte dafür empfänglich sein. Es ist natürlich ein Zufall gewesen, dass ich diese Offenbarung während der Akupunktur bekommen habe. Es war ein weiteres Zeichen der geistigen Welt und es sollten noch einige weitere folgen.

Es ist wirklich erstaunlich, wie unterschiedlich die Menschen auf Jenseitsbotschaften oder Offenbarungen reagieren. Wenn man sich weiter entwickelt und zunehmend versteht, warum Dinge nun mal so sind, wie sie sind, dann entsteht Lebensqualität. Du kannst besser mit Situationen umgehen und schüttelst es besser ab als andere. Jeder hat seinen freien Willen und das ist auch gut so. Jeder kann selbst entscheiden, wohin die Lebensreise geht und vor allem, wie angenehm diese sein wird. Es gibt mehrere Lebenswege. Das Leben ist eine Reise mit all seinen Höhen und Tiefen und diese zu meistern erfordert Mut, Stärke und Vertrauen. Niemand kann dir besser helfen als du dir selbst. Helfer und Unterstützer wirst du immer an deiner Seite haben, wenn du dies möchtest. Achte genau auf dein Gefühl, es wird dich gut leiten und lerne, auf dich und deine Intuition zu hören.

EMOTIONALER UND MATERIELLER REICHTUM

Ich kann mich noch sehr gut daran erinnern, als ich ein junges Mädchen war, ich hatte schon sehr früh eine starke Intuition und vor allem starke Visionen. Nur leider fand dies wenig Beachtung in meinem Umfeld. Ganz im Gegenteil, kaum einer hörte auf meinen Tipp oder meinen Ratschlag. Es war ihnen nicht sicher genug. Heute muss ich darüber schmunzeln, denn alle meine Vorhersagungen haben sich im Nachhinein bewahrheitet. Drum denke bitte immer daran, auch wenn dir dein Umfeld oder deine Familie keine Beachtung schenkt, dreh dich um und gehe trotzdem deinen Weg weiter. Leider sind es immer die engsten Menschen, mit denen man verbunden ist, die einen belächeln oder sogar auslachen. Aber du weißt um dein Talent und um deine Gabe, deshalb kümmere dich weiter um deine Energie und mache dich weiter stark. Je stärker du energetisch bist, desto weniger können dich negative Einflüsse oder Energien umhauen. Natürlich ist man verärgert und verbittert darüber, dass die eigene Familie einen dabei am wenigsten unterstützt und dafür wenig Verständnis hat, aber das wird dich umso stärker machen. Schenke dem keine Beachtung, gehe deinen Weg und achte darauf, dass du dich immer gut reinigst. Damit meine ich, es sind immer Menschen da, die voller Neid und Missgunst sind und deshalb ist eine regelmäßige Reinigung sinnvoll. Das kannst du ganz einfach täglich für ein paar Minuten machen. Du schließt deine Augen und stellst dir einen großen weiß-goldenen Strahl vor. Du guckst auf den mächtigen Strahl und siehst, wie er dich mit seiner mächtigen Energie umhüllt und dich reinigt. Der Strahl dringt durch deinen Körper hindurch und löst negative Energien und negative Anhaftungen. Du spürst, wie stark und leicht du dich fühlst. Wenn du diese Übung mehrere Male machst, wirst du dich besser und erholter fühlen. Du bist immer beschützt. Sich von negativen Gedanken und Energien zu befreien sollte täglich auf deiner Prioritätenliste ganz oben stehen. Wer sich spirituell weiterentwickelt, wird das irdische Leben anders und besser verstehen. Denn wenn schicksalhafte, schmerzhafte Dinge im Leben passieren, wird man die Situation aus einer anderen Perspektive betrachten. Es geht darum zu verstehen, dass das Leben eine Reise voller Erfahrungen und Herausforderungen ist. Niemand wird dir sagen können, dass er überhaupt keine Probleme, Schwierigkeiten oder Sorgen hat. Ein Millionär hat sicherlich anderen Kummer als du oder ich. Geld beruhigt, aber was bringt der ganze materielle Reichtum, wenn sich die Person seelisch nicht weiterentwickelt hat oder sich seelisch leer fühlt? Das Kennenlernen solcher Menschen hat mir gezeigt, dass diese Menschen nicht glücklicher sind als du und ich. Der Reichtum soll als Unterstützung dienen, damit du die Freiheit hast, deine Wünsche und Talente auszuleben. Wer sich seelisch weiterentwickelt hat und durch alle Lernprozesse gegangen ist, wird den materiellen Reichtum vollkommen anders genießen können. Ich habe Menschen mit großem Reichtum kennengelernt und habe gesehen, dass die meisten davon dauerhaft einsam waren und sich in die Arbeit gestürzt haben. Ich habe sehen können, wie manch einer seine Lebensaufgabe im Geld verdienen sah und damit nicht glücklich wurde. Denn die meisten denken, dass das Endziel der Reichtum ist und dieser Gedanke ist nicht ganz richtig. Reichtum in Kombination mit seelischer Glückseligkeit und dem Gefühl, innerlich angekommen zu sein, zu wissen, wer man ist, lässt alles möglich werden. Das nenne ich emotionalen und materiellen Reichtum. Emotionaler Reichtum ist Glück. Mit Geld richtig umzugehen bedeutet zu wissen, dass Geld auch Energie ist. Wenn du das Geld zu schätzen weißt und du verstehst, dass Geld für dein Leben eine Selbstverständlichkeit ist, dann hast du einen großen Schritt in Richtung Fülle gemacht. Eine lange Zeit haben die Menschen aus den falschen Gründen gearbeitet, meist aus falschen Glaubenssätzen heraus, weil die Eltern oder die Familie ungünstige Glaubenssätze vorgelebt haben. Die meisten von ihnen haben in falschen Jobs gearbeitet und manch einer hat es zugelassen, im Job gemobbt zu werden. Oft mit dem Glaubenssatz »wer arbeitet, ist auch etwas wert«. Ich habe Menschen sagen hören, dass sie nichts wert seien oder sich schlecht fühlen, wenn sie nicht arbeiten, daher blieben sie lieber in den ungeliebten Jobs unter schlechten Arbeitsbedingungen. Dabei vergessen viele Menschen, dass sie die meiste Energie und Zeit am Tag in die Arbeit stecken. Dreißig oder mehr Stunden pro Woche zu arbeiten verlangt die volle Aufmerksamkeit und vollen Einsatz. Daher bin ich sehr froh, dass sich das Bewusstsein der Menschen in Bezug auf die verfügbare Zeit gewandelt hat.

In den letzten Jahren hat sich einiges verändert. Nicht nur das Bewusstsein für wesentliche Dinge hat sich verändert, viele Seelen gehen endlich mit offenen Augen durch die Welt. Es ist eine Zeit der Veränderungen und des Umbruchs, hast du das auch mitbekommen, liebe Seele? Eine Zeit, wo jede einzelne Seele aufgefordert ist, sich mit sich selbst zu beschäftigen, sich die Frage zu stellen, wo man im Leben gerade steht und ob es genau das Konstrukt ist, wie man sich das eigene Leben vorstellt. Es ist an der Zeit richtig hinzusehen, ganz unverblümt und realistisch eine Innenschau in das Herz zu machen. Zu analysieren und zu reflektieren, um dann dementsprechend zu handeln und Konsequenzen ziehen zu können. Viele Menschen sehen den Umbruch als Chance, ihr komplettes Leben zu verändern und nach ihren Wünschen zu gestalten. Die Zeit des Erwachens beginnt und die schlafende Seele wird deutlich wachgerüttelt. Viele Menschen haben sich in dem Bereich selbstständig gemacht, in dem ihre Talente liegen. Lange haben sie sich nicht getraut, weil eben die falschen Glaubenssätze oder der immer wiederkehrende falsche Zeitpunkt der Grund war und somit den Weg blockierte. Jetzt sind diese Seelen überglücklich, denn sie waren mutig und haben hinter der Isolation des Weltgeschehens für sich eine große Chance zur Freiheit gesehen und somit auch neue Energie geschöpft. Denn wer seinem Seelenplan oder der Berufung folgt, wird mit guter Energie durchströmt. Wenn du den ganzen Tag über machst, was du liebst, kann es nur erfolgreich werden. Unterschätze niemals die geballte Kraft der Freude und vor allem der Liebe auf das Leben. Du wirst dich leicht fühlen und mit Schwung durch den Tag gleiten. Den Alltag empfindest du als wunderbar bereichernd, denn du hast dich für deine persönliche Freiheit entschieden.

Achte darauf, wem du deine Energie und Zeit schenkst und worauf du sie lenkst, denn dies ist deine Lebenszeit und deine wertvollste Energie, die du hast. Einer Arbeit nachzugehen, die deinen wahren Talenten und Gaben entspricht, die dich wachsen und neue Power schöpfen lässt, ist großartig. Das ist dann keine Arbeit, sondern nennt sich Berufung und Lebensaufgabe. Deiner Berufung zu folgen bedeutet, dass du auf deinem Seelenweg bist, deinem spirituellen Weg der Transformation und des Lichts. Du spürst einfach, dass du mehr willst und kannst. Das gibt dir neue Kraft und du wirst merken, wie stark du dich fühlst. Alles wird leichter für dich, alles hat mehr Sinn für dich, du wirst sehen, wie wunderbar sich dein Leben verändert. Plötzlich geschehen Wunder und du hast das Gefühl, dass du dich nicht mehr verausgaben musst, weil sich die Dinge einfach erfüllen und fügen. Da, wo du vorher große Anstrengungen gebraucht hast und an deine körperlichen Grenzen kamst, fühlst du eine große Erleichterung. Deine Aura wird sich verändern, dein Schwingungsfeld wird leichter und dein Schutz wird stärker, du bist nicht mehr so anfällig für Negativität. Deine Aura schützt dich vor allem vor negativen Energien und niederen Frequenzen und das ist sehr wichtig, denn bei einer durchlässigen Aura können sich leicht negative Energien anhaften und mit der Zeit können auf diese Weise Krankheiten entstehen. Deshalb ist es so wichtig, sich lichtvoll zu entwickeln, die

Seelenreise führt immer zum Erfolg, wenn du dich darauf einlässt. Natürlich wird es immer Zeiten geben, die dich nachdenklich stimmen. Das ist normal, liebe Seele, du darfst das auch gerne glauben. Du darfst dich gerne auf die Nummer Eins stellen und das Aufopfern für andere Menschen endlich aufgeben. Nichts und niemand ist wichtiger als du selbst. Schau dir dein Leben oder deine Vergangenheit an, wie oft warst du müde, schlapp und vollkommen unmotiviert, du hattest oft schädliche und negative Gedanken. Du wusstest oft nicht, welchen Weg du gehen sollst, weil du noch kein Vertrauen in deine Intuition hattest. Oft hast du bitterliche Tränen geweint und du hast dich allein und einsam gefühlt. Es gab Tage, da hast du dich selber nicht gemocht, vielleicht hast du dich selbst beleidigt und klein gemacht, damit du dich danach noch schlechter fühlst. Du warst in einer Zeit, wo du dich nicht selbst geliebt hast, wo du dich gefragt hast, wie geht es eigentlich weiter mit mir, ist das wirklich alles, was ich von meinem Leben erwarten kann? Und plötzlich kam der wichtigste Tag in deinem Leben, wo sich alles mit dieser einen wichtigen Frage verändert hat – Was ist eigentlich der Sinn in meinem Leben? Und plötzlich tut sich bei dieser Frage der Himmel für dich auf und dein Impuls sagt dir, dass du etwas verändern sollst, die Sterne funkeln in der Nacht für dich, als Zeichen der Freude, du hast es erkannt, du bist erwacht, Unterstützung einer großen Engelschar ist unterwegs zu dir um an deiner Seite zu sein, um dich bei allem zu unterstützen. Die Freude in der geistigen Welt ist groß, du bist gewillt dein Licht zu erhellen, du hast dich entschieden deinen lichtvollen Seelenweg zu gehen, das ist emotionaler Reichtum. Kummer und Tränen haben keinen Platz mehr in deinem neuen Leben. Dein Leid hat ein Ende und du bist bereit den Weg der Liebe zu gehen und zu leben. Das komplette Universum tanzt heute nur für dich. Chöre von mächtigen Engeln singen heute nur für dich. Sie segnen dich und deine lichtvolle Seele. Zart streicheln sie dich, um dich daran zu erinnern, wer du bist. Du bist Licht und du bist Liebe. Du bist vollkommen. Du wirst geliebt und du bist beschützt. Du hast es verdient, glücklich zu sein, liebes Licht Gottes. Heute, nicht morgen.

UNIVERSUM UND MAGIE

Ich hatte von einer Kartenlegerin gehört, zu denen viele Prominente gingen und sich die Karten legen ließen. Meine Neugierde über dieses Medium war sehr groß. Ich wollte unbedingt wissen, was sie mir in der Zukunft voraussagen würde. Allerdings sprengte der aufgerufene Ausgleich damals meinen finanziellen Rahmen. Ich fand dennoch eine Möglichkeit und so buchte ich gespannt einen Termin bei ihr. An dem Tag in ihrer Stadt angekommen, schlenderte ich durch die historische Altstadt bis hin zum Haus der Frau. Große Pflastersteine und kleine Gassen mit charmanten, kleinen Straßenlaternen ließen mich träumen, ich fühlte mich wie im 18. Jahrhundert, alles sah so altertümlich aus. Als ich das Haus betrat, fühlte ich mich direkt wohl und nahm eine magische Energie wahr. Ich schaute mich um und sah überall Fotos von Prominenten, die sich mit der Kartenlegerin zeigten. Der Raum, in dem wir saßen, war sehr klein, das Licht gedämpft im Kerzenschein. Ein großer, fast überdimensional wirkender Stuhl fiel mir auf. Ich fühlte mich trotz großer Hochspannung sehr wohl. Ich liebe einfach das Gefühl von Magie. Die Kartenlegerin fragte mich, ob ich denn bestimmte Fragen hätte oder ob sie eine allgemeine Legung aufdecken soll. Ich teilte ihr mit, dass ich ein allgemeines Reading bevorzuge. Ich hatte Mühe die Karten zu mischen, da sie so groß waren. Sie erzählte mir einige ihrer Deutungen und ich hörte aufgeregt zu. An einer Stelle wurde ich ganz ruhig und hörte besonders gespannt zu, denn sie erzählte mir, dass mir große Stolpersteine in meinem Leben in den Weg gelegt worden sind, da ich immer wieder Mobbing und Intrigen zum Opfer gefallen bin. Damit hatte sie recht, doch ich wollte wissen, warum das so war. Nach dieser langen, kummervollen Zeit in den Jahren zuvor hatte ich nun endlich die Antwort: Diese Menschen sahen mein schönes Licht, und damit hatten sie ein Problem, weil sie selbst nicht lichtvoll entwickelt waren. Während der gesamten Legung fühlte ich mich gut aufgehoben und die Kartenlegerin vermittelte mir ein gutes und vor allem ein sicheres Gefühl, ich spürte, dass sie ein guter Kanal für die geistige Welt war. Nach dem Reading bekam ich also meine Antworten und somit meine Klarheit, das tat mir gut. Als ich ihr den Ausgleich geben wollte, war ich überrascht, denn sie verlangte deutlich weniger, da ich es in ihren Augen im Leben nicht immer leicht hatte. Ich war zutiefst berührt und fast den Tränen nahe, bedankte mich mit einer leichten Verbeugung, um ihr meine tiefe Dankbarkeit auszudrücken. Ich hatte mich in das Gefühl verliebt, dass mich diese Dame gut kannte und ich meine Anerkennung bekam. Es zeigte mir einmal mehr, wie sehr ich Magie und Zauberkraft liebe. Für mich war es eine wunderbare Erfahrung, die ich nicht missen möchte. Denn in die Zukunft zu schauen, hat mich schon als Kind sehr fasziniert. Diese Magie der Voraussagungen und das Wissen über das mächtige Verborgene hat mich schon immer angezogen.

Unterschätze nie die magische Auswirkung auf dein Leben, liebe Seele. Nach der Legung war ich den ganzen Tag über in einer schönen magischen Wolke. Ich liebe das Gefühl, mit dem Universum verbunden zu sein, ich liebe es, mehr über das Unbekannte zu wissen. Wenn du offen für die geistige Welt bist, wirst du viele Wunder im Alltag erleben. Du wirst achtsamer mit allem was du machst und in allem was du tust. Du wirst stärker, dich wird nichts mehr so schnell aus dem Gleichgewicht bringen. Du bist einfach im Vertrauen und das Gefühl macht dich baumstark. Du bist geerdet und fühlst dich mit dem Leben im Einklang. Du wirst wissen, dass es weiter geht und dass du vielleicht in einer Lebensprüfung steckst, du wirst verstehen, dass du nicht alleine bist und das gut für dich gesorgt ist. Egal, was gerade in deinem Leben passiert. Es ist der göttliche Zeitplan und das Universum, das bestimmt, wann es weitergeht. Bitte bleib im Vertrauen und bleib vor allem ruhig. Ich weiß, dass der Mensch von Natur aus sehr ungeduldig ist und alles besser heute als morgen passieren soll, aber gerade in deiner seelischen Weiterentwicklung kommt es auf die Gelassenheit an, auf das Annehmen der Situation und der Umstände. Stärke deine Gedanken. Du kannst dich mit Affirmationen stärken, hör dir zur Einstimmung solche an, die du vorgesprochen bekommst und wiederhole diese fleißig, bis du sie verinnerlicht hast. Kräftige deinen Körper, indem du zum Sport gehst, wenn du Sport nicht so gerne magst, mach lange Spaziergänge, lass das Auto gern mal stehen. Mache dich schön und gucke oft in den Spiegel und habe liebevolle Gedanken, wenn du dich im Spiegel siehst. Das bist du, deine Seele, du bist einzigartig, du hast großartige Talente und Gaben, sehe sie und lebe diese aus. Nichts kann wichtiger sein als das Leben zu leben, welches du dir wünschst und das geht am besten, indem du dich siehst. Schaue mindestens drei Mal am Tag in den Spiegel und sage zu dir selbst:

»Ich bin schön und alles, was ich bin, sehe ich im Spiegel. Ich lebe meine Talente aus und lebe in Fülle. Ich bin stolz auf mich. Licht und Liebe umgibt mich immer. Ich bin immer behütet und göttlich beschützt.«

Die wichtigste Person in deinem Leben bist du. Wenn es dir gut geht und wenn du glücklich bist, dann wirst du ein schönes Leben leben. Wir müssen lernen, an uns zu glauben. Die Seele möchte eine Weiterentwicklung, Freiheit und Nächstenliebe. Das Geben und Nehmen kräftigt und stärkt deine empfindliche Energie. Wie sollen wir uns weiterentwickeln, wenn sich alles so schwer und träge anfühlt?

Ich fand damals heraus, dass in Berlin ein kosmisches Tor ist, das heißt, dass die Energie dort sehr hoch und gut ist. Was hervorragend ist, denn wenn du in einer Stadt oder in einem Land mit fantastischen Frequenzen wohnst, wirst du schnell merken, wie einfach sich alles anfühlt. Wie reibungslos alles funktioniert. Das ist im Übrigen sehr wichtig, denn jeder Ort und jedes Bundesland hat seine eigene Energie. So habe ich festgestellt, dass die Energie sich ortsabhängig tatsächlich anders anfühlen kann – Hier kann man sich motiviert fühlen, während man sich in einer anderen Stadt träge und müde fühlt. Damals hat mir ein Medium die Karten gelegt und mich darauf aufmerksam gemacht, dass da, wo ich gerade wohne, eine sehr niedrige Energie ist, daher wäre es mühsamer, etwas zu schaffen als in einer anderen Stadt. Diesen gravierenden Unterschied habe ich absolut bemerkt und das in jeder Lebenslage, ob im wachen Zustand oder in meinen Träumen, die Energien wirken sich auf andere Weise aus.

TRÄUME

Als ich an einem schönen Sommertag mit meiner Tochter zum Abendessen ging, fühlte ich mich bereits auf dem Weg zum Restaurant nicht sonderlich wohl. Der Grund war mir nicht bekannt, denn ich freute mich sehr auf den gemeinsamen Abend. Also saß ich im Restaurant und war einfach nicht gut gelaunt, alles nervte mich und ich wollte eigentlich aufstehen und nach Hause gehen. Ich fühlte mich unruhig und unwohl. Es gab absolut keinen Grund dafür, denn mein Tag war bislang gut und es gab keine Vorkommnisse, die mich beunruhigten. Meine Tochter bemerkte meine Unruhe und wurde dadurch selbst nervös. So haben wir uns dann entschieden, den Abend nach Hause zu verlegen. Ich konnte mein Gefühl in dem Moment nicht einordnen. Zuhause angekommen, legte ich mich ins Bett und wollte einfach nur schlafen. Kurz vor Mitternacht schrak ich auf, stand senkrecht im Bett und schnaufte tief Luft. Irgendetwas hatte mich in der Nacht derart erschrocken, ich konnte es jedoch nicht zuordnen. Das einzige, woran ich mich erinnern konnte, war etwas Schwarzes, das ich im Traum gesehen hatte und wovor ich mich schrecklich gefürchtet hatte. Zudem war ich auf einem hohen Gebäude, das stark wackelte und ich hatte große Angst. Die Antwort auf meinen angsteinflößenden Traum bekam ich direkt am nächsten Morgen, als ich in die Zeitung sah: In Italien war eine riesengroße Brücke eingestürzt, wobei mehrere Menschen ums Leben kamen, es war eine Tragödie. Ich war wie erstarrt. Ich hatte im Traum eine Vorhersage bekommen. Es war wie im Film, als ich in der Zeitung die Brücke sah, war ich einfach sprachlos. Denn genau so sah das Konstrukt in meinem Traum aus.

Während der letzten Jahre bekam ich immer wieder Offenbarungen und Vorahnungen in Träumen. In so einem Ausmaß habe ich das noch nie erlebt. Die Zeit in Berlin war für mich persönlich eine sehr intensive und aber auch prägende Zeit. Ich habe mich gut spirituell weiterentwickelt, sodass ich das als Geschenk vom Universum bekommen hatte. Vielleicht hast du auch schon diese magischen Erfahrungen gemacht oder eine Offenbarung bekommen. Dann darfst du das als Geschenk des Himmels sehen. Ein Zeichen von oben, das zeigt, wie stark und gut du dich weiter entwickelst. Denn die geistige Welt belohnt positive seelische Weiterentwicklung immer und vor allem mit Botschaften. Wie zum Beispiel Offenbarungen, oder du bekommst Zeichen sowie Nachrichten in Träumen. Es kann dir aber auch passieren, dass du einen starken Impuls bekommst, indem du dich durch das starke Gefühl anders entscheidest oder einen anderen Weg gehst. All das ist möglich. Sei weiterhin achtsam und deute die Zeichen richtig, denn in jedem Zeichen steckt eine Botschaft. Wenn du dir unsicher bist, darfst du dir gerne Unterstützung suchen: Frage ein Medium, was genau dein Traum, dein Gefühl oder deine Unruhe bedeutet. Man wird dir weiterhelfen können, damit du deine Klarheit hast und vor allem damit du selbst irgendwann deine Botschaften deuten kannst. Ist es nicht wunderbar, dass man mit der geistigen Welt so gut zusammenarbeiten kann, dass man die Informationen so für sich und die Welt nutzen kann, obwohl man auf der Erde lebt? Man ist so gut angebunden mit dem Kosmos, mit dem göttlichen Licht, dass man in einem wachen Zustand in die Zukunft blicken kann. Das ist die Belohnung der geistigen Welt, wenn du dich seelisch weiter entwickelst. Und hiermit möchte ich dich weiterhin motivieren deinen lichtvollen Weg zu gehen, bleibe auf deiner Spur, höre weg, wenn du merkst, dass dich die Leute belächeln oder dich sogar auslachen. Sie haben keine Ahnung, auf welchem grandiosen Erfolgsweg du dich befindest. Und das ist es wert, die Häme und Kommentare zu überhören. Denn dein Tag kommt, an dem du dich von der Masse erhebst und du im Einklang mit dir selbst bist. Du erwachst und spürst, dass deine Energie unberechenbar schön ist. Du weißt, dass du alles im Leben anziehen kannst, was du dir wünschst, denn deine Antennen sind so gut mit dem Kosmos verbunden, dass du dir deiner Selbst be-wusst bist. Du kannst sehr stolz auf dich sein, denn du hast schwarze, kummervolle Tage der Trauer überwunden und den Glauben an dich und deine Seele nie verloren. Du hast weitergekämpft, denn aufgeben war keine Option für dich. Du hältst gerade dieses wichtige Buch in deiner Hand, was ein Zeichen vom Universum ist, das du dir gerade dieses Buch ausgesucht hast. Das ist kein Zufall, das ist eine Fügung, das ist Schicksal. Alle Engel applaudieren dir für deine tolle Arbeit, alle lichtvollen Wesen tänzeln vor Freude, weil du es geschafft hast. Das ewige Licht begleitet dich jetzt und auf all deinen Wegen. Du bist der Sieger:in deines Erfolges und jetzt darfst du dich erheben und von oben schauen, weil du die enorme Kraft und Stärke hast, die Dinge von oben zu sehen. Wie wichtig die spirituelle und die seelische Entwicklung ist, zeigt ein weiteres Beispiel.

Als meine Mutter nach einer langen schmerzvollen Krankheit nach zehn Jahren starb, brach für die Familie eine Welt zusammen. Auch wenn man in der langen Zeit weiß, dass dieser Tag kommen wird, an dem unsere Mutter ins Licht übergeht, ist es ein großer emotionaler Verlust. Eine Mutter zu verlieren bedeutet, dass sich ein Teil der Familienstruktur löst und dass sich vieles von Grund auf ändert. Der Verlust kann auf der spirituellen Ebene anders wahrgenommen werden, denn man weiß um das Wissen des Lichts, des Göttlichen, des Universums. Die Seele befreit sich vom physischen Körper und reist wieder nach Hause, zur eigentlichen Seelenfamilie. Dieser Sterbeprozess ist für Menschen, die sich seelisch auf Erden weiterentwickelt haben leichter, als für Menschen, die sich überhaupt nicht irdisch weiterentwickelt haben. Warum ist das so? Ganz einfach, weil die schöne Seele das Wissen hat, die Seele hat die Weisheit und Macht über das große unbekannte Wissen. Daher ist es enorm wichtig, sich während der Zeit auf Erden zu entwickeln. In der Entwicklung liegen die Antworten und das Glück. Wer sich seelisch nicht entwickelt, der hat es in vielen Bereichen des Lebens schwerer. So kann ein Sterbeprozess viel schwerer für die Seele sein, die sich nicht entwickelt hat, denn die Seele muss sich vom Körper lösen und das kann das Ego nicht verstehen. Während eine Seele, die sich auf Erden mit dem Thema bereits beschäftigt hat und damit auch weiterentwickelt, viel darüber erfährt, was zum Beispiel ein Ego ist, was Selbstliebe ist und was das Gefühl ist. Es kommt zur Vereinigung von Körper, Geist und Seele. Was aber passiert mit den Menschen, die sich der spirituellen Entwicklung entziehen? Auch wenn ich lange Zeit hatte, um mich auf diesen Tag vorzubereiten, war der große Verlust meiner Mutter sehr schmerzhaft. Sie wollte ihre innerliche Leere mit der aufopfernden Art für ihre Familie füllen und musste zum Ende hin merken, dass dies nicht der richtige Weg war. Sich für eine Person aufzuopfern heißt, sich und seine Bedürfnisse hinten anzustellen. Das ganze Leben dreht sich dann nur noch um diese Person und wenn diese nicht mehr da ist, weil sie zum Beispiel auf Reisen geht oder sich persönliche Umstände ergeben, dann sackt man zusammen und wartet bis der Tag des Wiedersehens kommt. Und bis dahin fühlt man sich allein und leer, man zählt die Tage, bis man sich wiedersieht.

Daher ist es aus höherer Sicht wichtig, sich frühzeitig von den Eltern abzukapseln. Denn wenn man sich nicht frühzeitig von den Eltern abnabelt, kann es im Laufe des Lebens zu Störungen im Energiesystem kommen, die man dann auf alles andere schiebt, nur nicht auf die eigentliche Ursache. Ich habe mich schon sehr früh von meinen Eltern abgenabelt. Es war eine Art Rebellion von mir, angefangen hat der Prozess während meiner frühen Kindheit. Durch schicksalhafte Ereignisse musste ich sehr früh lernen, mich auf meine eigene Energie zu konzentrieren. Das war alles andere als einfach für mich, aber ich hatte keine andere Wahl. Das Schicksalsrad drehte sich ununterbrochen und auch wenn ich noch nicht bereit war, mit mir selbst und mit meiner eigenen Kraft zu arbeiten, hatte ich eine mächtige karmische Aufgabe vor mir, wie ich aus der heutigen Sicht weiß. Erst wenn einiges an Zeit vergeht, weiß man, warum einem einige Dinge passiert sind.

Das Abnabeln von den Eltern ist immens wichtig für dich, denn du lebst in deiner Energie, du triffst deine Entscheidungen, du bist emotional nicht von den Gefühlen deiner Eltern abhängig. Du bleibst kraftvoll, auch wenn familiäre schicksalhafte Ereignisse eintreten. Du grenzt dich ab und lebst in deiner Magie. Es ist dein Leben. Wisse, dass du ein Gewinner bist und dass du gerade in schicksalhaften Momenten anders mit diesen Ereignissen umgehst und somit bist du vollkommen gesegnet mit der Leichtigkeit und mit deinem Sein.

In großen Familienstrukturen ist es meist üblich, dass eine Person ganz besonders aus der Reihe tanzt. Das ist meistens eine Person, die es nicht mehr duldet, den Hierarchien zu unterliegen. Vielleicht hast du lange gebraucht, um zu erkennen, dass es wichtig ist, sein eigenes Leben zu leben. Die Erkenntnis war sicherlich ein Erfolg für dich, auch wenn das heißt, dass du einen endlos langen Heilungsprozess vor dir hast. Lass dich bitte von dem Wort »lange« nicht verunsichern, damit meine ich lediglich, dass du dich entschieden hast, die Wunden deiner Familie nicht länger zu nähren und den Schmerz, der sich über die Generationen getragen hat, nicht weiter zu leben. Und damit bist du die auserwählte Person, die sich für die Heilung entschieden hat. Und das ist großartig. Du wirst das Familienkarma nicht weiter fortführen, sondern du löst dich von den negativen Verstrickungen. Du schneidest die Fäden der Angst, Wut und Furcht ab und damit hast du dich befreit. Du bist frei, frei wie ein Vogel. Du bist in deiner Energie und in deiner Frequenz. Nichts kann dich mehr aufhalten, nichts kann dich mehr stoppen. Du hast den gewaltigen Stein des Schicksals ins Rollen gebracht und dir damit den Weg des Glücks frei gemacht. Niemand vor dir hat es sich jemals getraut, diesen wichtigen und mutigen Schritt zu gehen. Die Familie, eine Generation nach der anderen, hat sich dem Sog der Negativität hingegeben, ohne jemals versucht zu haben, sich von dem Familienkarma zu lösen. Man hat die Kraft nicht aufbringen können, sich dem wiederholten Fluss der negativen Energien zu entledigen. Generationsübergreifend finden sich dann Krankheiten wieder, mentale Schwächen und Einsamkeit. Scheidungen sind vielleicht normal in deiner Familie, ebenso das Thema Sucht. Du hast es geschafft, du bist diesen langen, steinigen Weg für dich gegangen und dafür noch einmal ein ganz großer Applaus für dich, liebe Seele. Alle Engelscharen im Universum jubeln dir zu. Eine großartige Leistung hast du vollbracht. Du hast nie daran gedacht aufzugeben, auch wenn dir das Wasser bis zum Hals stand, nein, das war niemals eine Option für dich, weil du kämpfst. Jetzt darfst du dich auf die kosmischen Geschenke freuen, die für dich bereit stehen. Du fragst dich gerade, was kosmische Geschenke sind? Dies sind Gaben und Anerkennung für Lichtarbeiter wie dich. Die so viel an Kraft aufgeopfert haben, um in das nächste Level zu steigen. Um aufzusteigen. Es sind Geschenke von großer wertvollen Bedeutung und wie groß die Dimension ist, da darfst du gerne deiner Fantasie freien Lauf lassen. Alle

Engel des Lichtes sind jetzt gerade bei dir und streicheln dich sanft als Zeichen des Schutzes und der Liebe.

Eine Kundin rief mich an, da sie über Social Media auf mich aufmerksam wurde. Sie war beeindruckt von meiner Gabe als Kartenlegerin und wollte gern zu ihrem Anliegen mehr erfahren. Während des Readings spürte ich ihre Nervosität und ich versuchte sie mit lieben Worten zu beruhigen. Sie wollte wissen, wie es um ihre Partnerschaft steht und warum es nicht so recht weitergeht. Die Botschaft der Legung war, dass ihr Ehemann ein schlechtes Familienkarma hatte und die Streitigkeiten sich somit wiederholten. Die Lenormandkarten gaben mir den Hinweis des Karmas. Die ständigen Streitigkeiten entstanden durch das Misstrauen des Ehemannes, aber nicht weil die Ehefrau nicht ehrlich ist, sondern weil er so verstrickt in das Familienkarma war, dass es ihm unmöglich war, dort heraus zu kommen, ohne aktiv daran zu arbeiten. Ich erzählte der Kundin von der Botschaft und sie war fassungslos. Sie hatte mit allem gerechnet, aber ein negatives Familienkarma? Darauf wäre sie selbst niemals gekommen. Sie wollte mehr darüber erfahren und ich erzählte ihr all das, was wichtig für sie ist und vor allem wie man ein Familienkarma auflöst. Die Auflösung des negativen Familienkarmas ist wichtig, es braucht natürlich seine Zeit, damit Heilung geschieht, denn das passiert beim Auflösen des Familienkarmas.

In meiner Ahnenreihe habe ich festgestellt, dass viele Frauen über eine sehr lange Zeit alleine waren. Entweder waren sie verwitwet oder sie sind ohne Partner durch das

Leben gegangen. Es war schon erstaunlich und zugleich erschreckend für mich, wie der Verlauf meines Familienkarmas war. Ich habe viele Parallelen gefunden und festgestellt, dass man, ohne es bewusst zu wissen, gleiche Entscheidungen im Leben trifft wie viele der Familienmitglieder auch. Man bemerkt es erst viele Jahre später, meist erst zum Mitte des Lebens hin, dass sich vieles im eigenen Leben wiederholt. Deshalb ist es wichtig, sich darüber im Klaren zu sein, das eigene Leben anders zu führen, anders als das Familienkarma. Reflektion ist hierbei das Zauberwort. Was möchtest du oder was erwartest du im Leben? Hast du das Gefühl, dass du bereits auf deinem Seelenweg bist oder stagnierst du oft im Leben und verlierst dich schnell? Schaue dir dein Leben mal richtig an, mit Sicherheit wirst du einige Dinge erkennen, die du ändern möchtest. Du wirst vielleicht auch über dich selbst erstaunt sein, weil du die Entscheidung triffst, die du dich vorher gar nicht getraut hast. Jetzt hast du den Mut, ja zu sagen, ja zu dir, ja zum Leben, ja zum Licht. Dein Seelenvertrag wurde bereits lange vor deiner Geburt geschrieben und die Mission hier auf der Erde in deinem irdischen Leben ist es, den Seelenvertrag einzulösen und das kann eine große Herausforderung sein. Viele Seelen hier auf der Erde lösen ihren Seelenvertrag nicht ein, weil sie die vielen Prüfungen und Herausforderungen nicht schaffen oder sie verlieren sich im Laufe des Lebens, weil sie an Personen geraten, die ihnen nicht gut tun, oder weil sie dem Sog der Negativität verfallen sind. Sobald man dauerhaft eine träge Zeit hat, oder depressiv und unruhig ist, kann man darauf schließen, dass man von seinem Seelenweg abgekommen ist. Oder aber das Familienkarma ist einfach zu mächtig. Deshalb ist es so wichtig, in der Energie der Selbstliebe zu schwingen und das ist eine wahre Aufgabe auf der irdischen Welt, denn wir Seelen sind immer wieder im Laufe des Lebens mit Versuchungen konfrontiert. Es können Süchte sein oder auch die Illusion, dass Geld alles im Leben ist. Ich möchte hiermit nicht sagen, dass Geld unwichtig ist. Geld ist ein schönes Mittel um ein ruhiges Leben zu führen, aber am schönsten ist wahrer Reichtum, wenn die Seele sich gefunden hat und wenn die erfüllte Seele in Selbstliebe schwingt und im Licht der göttlichen Sphäre. All der Reichtum wird dem Menschen nichts bringen, wenn die Seele nicht entwickelt ist, wenn die Seele sich einsam fühlt, obwohl man im Reichtum schwimmt, die Seele denkt, dass der Reichtum die innere Leere füllt und muss dann doch erkennen, dass dem nicht so ist. Und dann passiert genau das, was passieren muss – Die Seele verliert sich in Depressionen, denn die Illusion ist geplatzt wie eine Seifenblase. Man findet sich wieder in einer Verzweiflung, weil das Ego einen falsch beraten hat. Eine Illusion ist nichts anderes als eine Täuschung. Man lebt in einer Täuschung und erwacht im Schockzustand, weil es das Ende einer Täuschung ist.

An dieser Stelle sei nochmal erwähnt, dass du alles selbst in der Hand hast, du alleine hast die Macht, über dein Leben zu bestimmen. Alles, was du in deinem Leben haben oder erreichen möchtest, kannst du selbst kontrollieren. Nichts und niemand kann dich aufhalten und du bist dir deiner eigenen Kraft und deiner eigenen Energie selbst-be-wusst.

MOBBING

Ich habe lange Zeit in Jobs gearbeitet, wo ich immer wieder dem Mobbing verfallen bin. Ich konnte das einfach nicht verstehen, warum tun diese Menschen so etwas, was gibt ihnen das Gefühl, wenn sie Menschen verletzen und erniedrigen? Warum haben sie kein schlechtes Gewissen, wenn ihre Mitmenschen leiden? Ich habe lange darüber nachgedacht und kam erst Jahre später auf die ernüchternde Antwort – Macht. Macht und Kontrolle sind die Faktoren, die Personen dazu veranlassen, zu mobben. Die Macht darüber, dass man die Kontrolle über die andere Person hat. Ich habe oft meinen Job wechseln müssen, weil ich das Mobbing nicht mehr ausgehalten habe. Menschen, die mobben und ihre Mitmenschen ungerechtfertigt verletzen, erteilen sich diese Macht selbst. Ich machte mich auf die Suche nach der spirituell höheren Bedeutung von Mobbing. In diesem Zuge habe ich mich mit diesem Thema aus der spirituellen Sicht auseinandergesetzt, es musste doch eine höhere dafür Bedeutung geben, als aus der menschlichen Betrachtung. Also fing ich an, mir Unterstützung zu suchen, ich hatte damals eine gute Kartenlegerin, die mir regelmäßig die Karten legte, lange vor meiner eigenen Zeit als Kartenlegerin. Wir durchleuchteten alle Lebensbereiche in meinem Leben und dazu mein persönliches Karma. Zudem holte ich mir eine Astrologin ins Boot, so konnte auf jeden Fall nichts mehr schief gehen und ich erhoffte mir die Antwort auf all meine Fragen. Die Astrologin holte sich vorab mein Geburtsdatum und die Uhrzeit meiner Geburt ein. Anhand dieser Daten konnte sie mir meine Schicksalsdeutung benennen. Tatsächlich ergab ihre Deutung, dass sich laut meiner Sternenkonstellation das Mobbing durch mein Leben zog. Leider war das so laut der Astrologin, denn bestimmte Konstellationen sagten das einfach voraus, ohne einen prägnanten Einfluss darauf haben zu können. War das die Antwort für mich? Konnte ich nichts dagegen tun, musste ich das einfach so hinnehmen und war ich dem Schicksal ausgeliefert, ohne etwas daran ändern zu können? Das wollte und konnte ich nicht einfach so hinnehmen. Die Kartenlegerin hingegen sah deutlich, dass ich in diesem Leben dem Mobbing immer wieder ausgesetzt bin und dass ich es mir selbst so ausgesucht hatte. Ich habe es mir in meinem jetzigen, irdischen Leben ausgesucht, damit ich lerne damit umzugehen. Über diese Aussage war ich schwer entsetzt. Wer würde sich eine so große Bürde selbst auferlegen? Sie entgegnete mir, dass es meine Prüfung wäre, damit umzugehen und ich dies gut meistern würde. Mir liefen Tränen über die Wange. In diesem Moment war ich entsetzt, aber auch erleichtert. Jetzt hatte ich also meine Antwort aus einer höheren Perspektive.

Der Mensch ist mehr als nur ein Körper aus Haut und Knochen, er ist zuallererst eine wunderbare Seele, die einige Aufgaben und Prüfungen hier auf der Erde vor sich hat. Das können, wie in meinem Beispiel, leider auch unschöne Prüfungen sein, durch die wir jedoch einiges lernen und verinnerlichen können. Wenn du ein Opfer von Mobbing bist, suche dir bitte Unterstützung, auf die du dich verlassen kannst, niemand muss diesen Weg allein gehen. Es hilft sehr, wenn man mit diesem Thema nicht allein ist. Lange Zeit hat es mich emotional sehr mitgenommen, heute habe ich verstanden und losgelassen. Ich habe die harte Lektion dahinter schmerzhaft verstanden. Drum übe auch du dich in Geduld, liebe Seele, alles kommt zu seiner Zeit ans Licht. Die Frage ist nur, ob dir das genügt oder ob du mehr als Antwort erwartet hast. Denn manchmal stecken in kummervollen Situationen auch nur kleinere Lektionen, die du zu lernen hast. Finde für dich eine Möglichkeit, Frieden mit deinen Themen und deinem Trauma zu finden. Das ist so unglaublich wichtig, denn niemand außer dir selbst wird deine Prüfungen annehmen und verarbeiten müssen. Am Ende des Tages solltest du mit dir im Reinen sein. Wenn du in den Spiegel schaust, solltest du ein gutes, selbst-be-wusstes Gefühl haben, ohne schlechtes Gewissen oder ohne das Gefühl allein zu sein. Alles fängt letztendlich bei dir selbst an. Niemand wird dir das Gefühl von Sicherheit und Stärke besser geben können als du dir selbst. Ich habe lange gebraucht, um das zu verstehen, zu verinnerlichen und aktiv umzusetzen. Vielleicht kennst du das traurige und dumpfe Gefühl in dir. Das Gefühl des Alleinseins. Die Traurigkeit schmerzt und du hast das Gefühl, dass du damit vollkommen allein bist. Nächte liegst du wach, ohne ein Auge zu schließen und grübelst vor dich hin, ohne eine richtige Antwort zu bekommen. Niemand sagt dir in diesem Moment, dass deine Seele nach Befreiung und der vollkommenen Selbstliebe ruft. Du allein entscheidest, ob du den Weg des Erwachens gehen möchtest. Es ist höchste Zeit, den Weg des Lernens zu gehen, es ist an der Zeit, dass du in den Spiegel schaust und dir bewusst wirst, dass du und somit deine seelische Entwicklung die Nummer Eins in deinem Leben ist. Hast du dich mal gefragt, wie viel Zeit du an einem Tag für dich hast? Wie lange bist du mit Dingen beschäftigt, die mit anderen Menschen oder Situationen zu tun haben? Ich bin mir sicher, dass du überrascht sein wirst, wenn du dir aufschreibst, wann du dir Zeit für dich und deine Interessen, Gaben und Talente nimmst. Natürlich ist es schön, wenn wir Zeit mit unseren Lieben verbringen, aber vergessen wir doch schnell, dass die Zeit ein kostbares Geschenk ist und wir damit sorgfältig umgehen sollten. Hier ein wunderbarer Tipp für dich. Starte deinen Tag mit guten Ambitionen, damit meine ich, fange an den Tag zu segnen. Sobald du morgens die Augen öffnest, bedanke dich dafür, dass du hier auf der Erde bist, segne dein Leben und sei einfach im Hier und Jetzt. Achte darauf, dass deine Gedanken nicht abschweifen, sondern bleibe im positiven Rhythmus deiner schönen morgendlichen Energie. Öffne das Fenster, damit frische Luft dein Sein umhüllt und du die frische, klare Luft spürst. Schalte Musik an, die dir gut tut und dir ein gutes Gefühl gibt und umsorge dich selbst. Der erste Blick in den Spiegel sollte dir ein gutes Gefühl geben. Schaue dich im Spiegel an und lasse schöne Gefühle in dir hochkommen. Lies dir deine Affirmationen durch und visualisiere beim Lesen deine Wünsche. Fühle während des Lesens in dich hinein, wie es in deinem Solarplexus bei dem Gedanken kitzelt, dass deine Wünsche sich erfüllen können. Konzentriere dich ein bis zwei Minuten intensiv auf die freudige Aufregung. Du bist wichtig, du bist ewig, du bist immer. DU BIST. Ich wünsche mir, dass du diese einfache kurze Übung so oft wie möglich wiederholst. Beständigkeit ist hier das Zauberwort. Selbstliebe und natürlich Selbstverwirklichung fängt bei dir selbst an und braucht tägliche Übungen. Nimm dich selbst wichtig, nimm dein Leben in die Hand und segne jeden neuen Tag, der in dein Leben kommt. Du darfst Luftsprünge machen, denn du lebst. Du bist hier auf der schönen Erde namens Lady Gaia, um zu lernen und um zu genießen. Vor allem aber um zu leben.

Vielleicht hast du aber auch das Gefühl, dass du dich ermutigen musst, um an dich zu denken oder du hast ein schlechtes Gewissen, weil du dir Zeit für dich nimmst. Dann möchte ich dir folgendes sagen. Ich habe mich mit vielen Menschen darüber unterhalten und sehr viele davon hatten ein schlechtes Gewissen, wenn sie daran dachten, sich Zeit für sich und ihre Belange zu nehmen. Die Verpflichtungen in ihrem Leben hatten Überhand genommen, die Zeit war bereits für andere Personen eingeplant, wie sollte man sich da noch eine Auszeit für sich selbst gönnen? Schlechtes Gewissen und schlechte Laune kamen bei den Gedanken hoch. Das Gefühl der Leere machte sich breit. Traurig blickten mich die Menschen an und fragten sich, was der Sinn wäre, sich ständig für andere aufzuopfern und niemals Zeit für sich selbst zu finden. Ich entgegnete in diesen Momenten oft damit, dass der Sinn des Lebens die Liebe, das Leben und das Verzeihen ist, nicht mehr und nicht weniger. Viele Menschen denken, dass die Erfüllung des Lebens im Materiellen zu finden ist. Auch ich habe dieser Illusion lange hinterher gelebt und musste schmerzhaft erkennen, dass es eben nur eine Illusion war.

Keine Seele wird geboren und geht direkt den lichtvollen Seelenweg und erfüllt von Anfang an die Seelenverträge, das wäre zu schön und zu einfach. Wir werden erst einmal der Dualität ausgesetzt und den Verführungen, die es hier auf Erden gibt. Sobald wir geboren werden und aufwachsen, sind wir schon mit dem Ganzen verbunden, das bedeutet, wir wollen immer alles haben. Alles beginnt im zarten Alter und keiner wird einem wirklich erklären, dass der wahre Reichtum tatsächlich der emotionale Reichtum und der Frieden ist. Ich habe in meinem ganzen Leben keine einzige Person kennengelernt, die dies von Geburt an so lichtvoll durchlebt hat. Natürlich, es ist so gesehen normal, dass man, sobald man auf die Welt kommt, mit allen Verführungen konfrontiert wird und es wird uns nur schwer gelingen, dem zu widerstehen. Denn wer erklärt einem, dass die letztendliche Erfüllung im Leben in einem selbst und in der Liebe liegt. Der Lernprozess beginnt praktisch ab dem Tag der Geburt. Keine Seele weiß es, denn die Seele wird geboren und durchlebt über Jahrzehnte hinweg verschiedene Glaubenssätze, viele davon münden darin, immer besser, weiter und höher zu wollen, um mit dem Umfeld mithalten zu können, es werden Bürden auf sich genommen, weil es scheinbar normal ist, so denkt der Kopf und der rationale Teil, das Ego. Mit einem normalen Leben wird sich das Ego nicht zufriedengeben, denn es denkt, es sei nicht genug, es denkt, dass es zu wenig ist, denn andere haben und können mehr. Der Marathon an noch mehr Arbeit beginnt, das Burnout scheint unausweichlich. Die Seele verirrt sich im Glauben der Illusionen. Das Fatale ist, dass in vielen Fällen keine Personen da sind, die die Seele vom Gegenteil überzeugen.

Leider ist es oft nicht der Fall, dass einem das eigene Umfeld den spirituellen Weg aufzeigt und somit den Stein zur Veränderung ins Rollen bringt. Reichtum ist schön, Reichtum erleichtert einem sehr viel und der Reichtum ermöglicht einem ein unbegrenztes Leben in Fülle. Am schönsten ist Reichtum jedoch, wenn man sich selbst und die Selbstliebe gefunden hat. Denn sobald du erwacht bist und du die reine Liebe spürst und du selbst und deine Seele spürst, wirst du deinen inneren und äußeren Reichtum erst richtig genießen und ausleben können. Das nennt man dann ein erfülltes Leben.

EIN GESPRÄCH MIT DER SEELE

Während meiner Selbstständigkeit als Maklerin lernte ich eine interessante Frau kennen. Sie wurde von vielen Leuten altmodisch angesehen und lebte mit ihren Eltern alleine, weshalb sie als sehr eigen galt. Die Dame war lange Zeit Single, sie wünschte sich einen Partner, wurde aber immer wieder enttäuscht, was sie immer verletzlicher machte und so entschied sie sich alleine zu bleiben und ihr Leben im Dienste ihrer Eltern zu stellen. Sie lebte sehr gut und in einem sehr schicken Haus, sie hatte alles was man sich nur wünschen konnte. Sie konnte täglich einkaufen gehen ohne auf das Geld zu achten und sie konnte viel reisen ohne zu überlegen, was die Reise sie kostete. Sie hatte einfach finanziell sehr gute Möglichkeiten, das Leben zu genießen und auf nichts achten zu müssen. In vielerlei Augen war sie gesegnet und man könnte meinen, es würde ihr an nichts fehlen. Jedes Mal, wenn ich bei ihr zu Besuch war, war ich wirklich beeindruckt von dem Haus und dem Flair, alles zu haben und sich alles leisten zu können. Ein Hauch von Hollywood wehte durch ihr Haus. Beeindruckt ließ ich alles auf mich wirken, ich stellte mir vor, dass ich ebenso solch ein prachtvolles Haus habe und fühlte es in meinem Herzen. Ich ließ meine Gedanken so stark schweifen, dass ich kurze Zeit später das Gefühl von

Frieden und Leichtigkeit in mir spürte. Ich fühlte mich so erhaben und unabhängig, ich hatte das Gefühl der Macht und das Gefühl der Freiheit. Ich fühlte mich einfach stark, unverwundbar und sorgenfrei. So fühlt man sich also, wenn man finanziell unabhängig ist, dachte ich mir. Ich stieg immer mehr in meine Visualisierung ein und merkte, wie frei meine Gedanken waren. Ich fühlte mich so leicht wie ein Schmetterling, in meinem Kopf stand alles auf dem Modus der Ruhe und des Gleichgewichts. Schöner Reichtum und schönes Leben – Oder etwa nicht? Plötzlich hörte ich eine Stimme, die zu mir sprach: »Ich finde das alles beeindruckend, aber ich fühle mich trotzdem alleine und leer«. Huch, was war das für eine Stimme, woher kam sie?

»Ich bin deine Seele. Spürst du mich denn nicht?«

Ich war etwas verwirrt. »Ich weiß nicht so genau. Es ist doch wunderbar, so ein traumhaft schönes Leben zu führen. Es fehlt einem an nichts, alles ist sorgenfrei und schön, das gefällt mir und das Gefühl möchte ich gern immer haben«.

»Das ist dein Kopf, der aus dir spricht, dein Ego. Ich bin deine Seele und ich möchte nicht mehr traurig sein, ich möchte absoluten Frieden und raus aus dem Dilemma der Emotionen. Raus aus dem Wirrwarr der Gedanken und der endlosen Tränen. Ich bin immer allein und fühle mich einsam. Um mich herum herrschen dunkle Wolken und ein Sturm der Verzweiflung.«

»Ich gehe doch aber gut mit dir um, oder etwa nicht?«, fragte ich meine Seele verblüfft.

»Ich sehne mich nach Liebe und nach Wärme. Ich habe

große Sehnsucht nach der endlosen Liebe und dem Gefühl der Unendlichkeit».

Jetzt fing ich an zu verstehen, dass meine Seele nichts von dem Reichtum wissen wollte, sie wollte nichts von meinem Erfolg oder dem Big Business verstehen, sie wollte einfach den seelischen und emotionalen Reichtum. Einfach im Hier und Jetzt sein. Lieben und Leben. Geben und Nehmen. Lachen und Spaß haben. Umarmen und küssen. Mein Ego stand mir im Weg. Jetzt wurde ich wach. Wach geküsst von meiner lieben Seele. Kannst du es nachfühlen, liebe Seele? Hast du auch oft das Gefühl der Einsamkeit und der Leere in deinem Herzen? Bist du auch oft mit deinen Gedanken alleine, möchtest du dich von der Schwere befreien? Dann ist es der Ruf deiner Seele, die dich dazu auffordert, eine Innenschau zu machen und den Transformationsprozess endlich anzuschieben. Es ist ein Weckruf, damit du deine eigene Stimme nicht ignorierst. Es ist an der Zeit dich und dein Leben zu verändern. Du stellst dir möglicherweise die Frage, warum du hier bist und was der Sinn deines Lebens ist, aber stellst du dir auch die Frage, warum die Dinge in deinem Leben eben so sind, wie sie sind? Du wirst neugierig und möchtest wissen, was dahintersteckt und fängst möglicherweise an, dich mit dem Thema Spiritualität zu befassen. Sicher wird dich das Kartenlegen oder der Jenseitskontakt interessieren. Und so beginnt deine spirituelle Reise.

JENSEITSKONTAKTE

Ich habe vor einiger Zeit einen Jenseitskontakt gebucht. Ich wollte wissen, wer oder was ich einmal in meinem früheren Leben war. Es hat mich so sehr interessiert, wie ich damals gelebt habe. In frühere Leben zu reisen, empfinde ich spannend und es war ein Muss für mich, weil ich mich so sehr mit dem Leben und der geistigen Welt befasse, dass ich es für mich und meine weitere Entwicklung gebraucht habe. Seit meiner Jugend beschäftige ich mich mit dem Thema des Tods und was eigentlich nach dem Ableben auf der Erde geschieht. Ich brauchte eine Reise in meine früheren Leben. Ich war so neugierig und zugleich fragte ich mich, was passieren würde, wenn das Medium mir etwas sagt, das nicht gut ist oder mich schockiert, was wäre, wenn Dinge offenbart werden, die ich dann doch nicht hören möchte? Wie gehe ich dann damit um? Meine Aufregung verflog schnell, denn ich hatte einen Termin bei einer sehr lieben spirituellen Frau gebucht, sie arbeitete schon lange als lichtvolles Medium und mein Gefühl war auf Anhieb gut und gelassen. Im Gespräch vertieften wir uns in meine Vergangenheit, ihre Stimme war sehr leise und fein. Ich fühlte eine große Ruhe in mir. Sie sagte mir, dass ich in meinem früheren Leben viele Veränderungen hatte und dass sich diese Energie auch in meinem jetzigen Leben widerspiegelte. Sie sagte, dass ich in meinem früheren Leben eine sehr mutige Frau war und mich viele darum beneideten. Ich bekam durch sie einige Botschaften, die ich auf mein jetziges Leben reflektierte und das fühlte sich sehr gut an. Ich hatte viel über mein vorheriges Leben erfahren und das brauchte ich unbedingt, ich habe es für mich und meine Weiterentwicklung benötigt, um noch fehlende Puzzleteile für meine Lebensgeschichte zu erhalten. Die Jenseitssitzung war vorbei und ich zufrieden. In keinem Moment hatte ich das Gefühl, abbrechen zu wollen, ich war begeistert von den medialen Fähigkeiten des Mediums und ich war berührt von der feinen Energie, die ich zwischen dem Medium und mir spürte. Es war für mich eine Bereicherung und ein großes Weiterkommen in meinem Sein, in meiner Energie. Es ist wirklich fantastisch, dass es in der heutigen Zeit mediale hellsichtige Menschen gibt, die uns weiterhelfen können und uns in unserer seelischen Entwicklung unterstützen. Der eine Mensch kann Karten legen, der andere kann seine Mitmenschen mit Kräutern heilen oder einen Jenseitskontakt herstellen. Es ist einfach magisch. Ich wünsche mir, dass sich viel mehr Menschen die Hilfe von medialen Personen suchen, um ihre ganz eigenen Puzzleteile zu finden. Es bringt einen enorm weiter und hat absolut nichts mit Hokuspokus zu tun, sondern ist eine hilfreiche Unterstützung. Beeindruckt von dem Reading saß ich auf der Couch und ließ alles an Informationen und Gefühlen auf mich wirken. Es war schon erstaunlich, was ich im Reading alles hörte, es war mein persönlicher Gänsehaut Moment. Es fühlte sich kurze Zeit so an wie in dem 1980er Jahre Film »Zurück in die Zukunft« nur umgekehrt, da es für mich in diesem Moment zurück in die Vergangenheit ging. Das Gefühl zu wissen, dass man im 20. Jahrhundert lebt, aber für kurze Zeit im wachen Zustand im Jahr 1400 oder 1800 ist, das war ein unvergesslicher Moment für mich. Ich liebe einfach das Gefühl der Magie. Ich habe es schon als Kind sehr geliebt, mich in andere Leben oder in andere Zeiten zu versetzen. Ich mag das Gefühl des Wechselns zwischen Raum und Zeit.

Im Nachhinein hatte ich noch weitere Jenseitssitzungen bei diesem Medium. Auf deiner spirituellen Reise ist es wichtig, dass du deine Antworten bekommst und vor allem, dass du durch die mediale Unterstützung, die du bekommst, Ängste verlierst und Klarheit bekommst. Das wird dir sehr weiterhelfen und dich in deinem Sein sowie in deinem Wesen bestärken weiter zu machen und nie aufzuhören, sondern stetig an deinem Wachstum zu arbeiten. Es beschert dir Aha-Momente bei möglichen Fragen, die du hast und du wirst erkennen, warum dies oder jenes passiert. Du wirst Verstrickungen erkennen und damit im Einklang sein und im Nachhinein verstehen, warum einige Dinge so sind, wie sie eben sind. Du baust dir deine Stärke auf und damit meine ich, dass du durch die Antworten, die du mit der Zeit bekommst, deine Gewissheit bekommst. Deine Unsicherheiten verschwinden mit der Zeit, deine Gedanken sind nicht mehr verwirrt oder benebelt, ganz im Gegenteil. Deine Gedanken erhellen sich und das wird dir wie eine große Erleichterung vorkommen. Dein Körper wird sich leichter anfühlen, dein Schwung beim Laufen ändert sich, es fühlt sich an als könntest du schweben, weil der Ballast weg ist. Du wirst merken, wie leicht und locker du dich in deinem Körper fühlst. Es kommen dir viele Dinge leichter und angenehmer vor. Deshalb unterschätze niemals die Macht der Gedanken, diese können dir extra Kilos bescheren oder dir das Gefühl von Schwere im Körper geben. Schwere Gedanken bringen schwere Kilos. Glaube mir, liebe Seele, diese Erfahrung habe ich schon selbst gemacht. Die kummervollen Gedanken werden irgendwann so groß und bedrückend, dass sich das im Körper und auf der Waage widerspiegelt. Nicht alles hängt immer mit den Hormonen oder mit dem Stress zusammen, natürlich gehst du zum Arzt, wenn du dich nicht wohlfühlst. Trotzdem kann ich dir sagen, dass Menschen, die sich spirituell weiterentwickeln, eine andere Ausstrahlung haben, da sie sich anders fühlen. Ich habe selbst bemerkt, dass sich viele körperliche Symptome, die ich hatte, mit der Zeit aufgelöst haben. Eine Zeit lang hatte ich sehr starke Hormonschwankungen. Nachdem ich die Einnahme von Hormonen nicht so gut vertragen habe, setzte ich sie ab. Mit der Zeit merkte ich, dass sich mein Körper stabilisierte, aber nicht, weil ich die Hormone abgesetzt hatte, sondern weil ich eine hervorragende Energiearbeit geleistet habe. Ich habe an mir und meiner Energie gearbeitet und der Lohn dafür war, dass ich mich körperlich sehr fit fühlte. Bei körperlichen Symptomen kommen oftmals deine Selbstheilungskräfte zum Einsatz. Hierzu sei gesagt, dass du bei körperlichen Einschränkungen bitte in jedem Fall einen Arzt konsultierst und dieses Buch keine medizinische Beratung darstellt. Meine Erfahrung ist, dass man stärker ist als der Schmerz. Du bist stärker als der Schmerz. Jede Seele hier auf der Erde hat Selbstheilungskräfte, nur nicht jede Seele hat diese auch aktiviert. Die Selbstheilungskräfte zu aktivieren heißt, dass du mit deiner Energie arbeitest und lernst, deine Energie zu erhöhen. Du siehst also, dass es wahre Wunder gibt und wunderbare Vorteile hat, wenn man sich auf den spirituellen Weg begibt.

HEILUNG

Als ich dringend eine Auszeit brauchte und von Berlin in meine Heimat gefahren bin, saß ich in der Bahn und guckte die gesamte Zugfahrt über nur aus dem Fenster. Ich war übermüdet und fühlte mich ausgelaugt. Die Zugfahrt dauerte einige Stunden, ich bestellte mir einen Pfefferminztee und ich hatte Mühe diesen zu trinken, weil ich einfach nur ankommen wollte und meine Ruhe brauchte. Während ich aus dem Fenster schaute und die schöne, grüne Landschaft sah, wurden meine Gedanken immer friedlicher. Ich dachte an nichts und trotzdem dachte ich. Über meine Ankunft war ich glücklich, da die Monate und Jahre zuvor mich privat und beruflich sehr viel Energie und Kraft kosteten und ich mich auf eine Auszeit freute. Die Auszeit tat mir gut, ich nahm ausschließlich frisch gekochte Mahlzeiten zu mir, schlief viel und vor allem gut und ich hatte das Gefühl der Heilung und dass sich meine Zellen an der Positivität erfreuten. Das Kopfkino war wie verflogen und meine Gedanken waren frei. Ich hatte meine innere Stärke zurück und fühlte mich nach Tagen so lebendig, so in meiner Mitte. Erst recht bemerkte ich nun, wie ich mich zuvor selbst überlastete und über meine Grenzen hinaus gearbeitet habe. Ich habe mich meiner Energie entbehrt. Nach einigen Tagen stand ich vor dem Spiegel und probierte Klamotten an, ich entdeckte eine tolle Mütze und eine sportliche Hose. Ich bemerkte, dass ich abgenommen hatte, das war ganz deutlich im Spiegel zu sehen. Ich hatte abgenommen und eine frischere Ausstrahlung, ich war verblüfft darüber. Ich mochte mein Spiegelbild nach einiger Zeit sehr und endlich sah ich eine zufriedene Frau im Spiegel. Dies war die letzten Jahre nicht immer so. Nein, mit Sicherheit nicht. Umso mehr freute ich mich über meine Ausstrahlung. Das Gefühl von Freude und Leichtigkeit hatte ich einfach so sehr vermisst. Wie wichtig diese Emotionen sind und wie wichtig es ist, zufrieden zu sein, zeigt ein weiteres Beispiel.

Es vergingen einige Wochen und ich nutzte jede Minute um mich zu heilen. Wie ich bereits beschrieb, war mir eine gesunde, ausgewogene Ernährung und ein guter Schlaf sehr wichtig. Obwohl ich meistens nur Gemüse aß, haben mir die Leckereien wie Kuchen und Süßes nichts ausgemacht. Ehrlich gesagt wunderte ich mich darüber, denn zu Hause brauchte ich gefühlt nur einen Kuchen ansehen und hatte die Kilos drauf. Verwundert hielt ich kurz inne, als ich einen Blitzgedanken bekam. Jetzt hatte ich verstanden, meine immens große innerliche Zufriedenheit hatte mir nicht nur diese tolle Ausstrahlung verliehen, sondern auch meine überflüssigen Pfunde genommen. Das war nicht nur großartig, sondern auch überraschend. Tatsächlich hatte ich während des gesamten Aufenthalts durchweg immer eine frische Ausstrahlung und einen gewissen Zauber in den Augen. Wow, was war passiert? Ein Zauber der Liebe und des Alltagsglücks war da. Ich verstand, dass man die faszinierende Aura und die innere Schönheit bekommt, wenn die Seele glücklich und zufrieden ist. Man sagt bekanntlich, dass die Schönheit von Innen kommt. Das Sprichwort habe ich jetzt verstanden. Unterschätze niemals die innere Zufriedenheit, liebe Seele, sie kann dir im Leben vieles erleichtern. Es ist so wunderbar zu wissen, dass man eigentlich nicht allzu viel dafür machen muss. Schenk deiner Seele Liebe, gib ihr Wärme und beschere ihr Frieden, um immer in einer schönen Energie zu schwingen und eine fantastische Aura zu haben.

Als ich mich auf den Heimweg begab, war ich einfach nur glücklich und zufrieden. Ich fühlte mich stark und kräftig in meinem Körper. So hatte ich mich schon lange nicht mehr gefühlt. Es fand Heilung statt in Form von Liebe und Wärme. Angekommen in Berlin wusste ich, dass ich etwas verändern musste, ich konnte so wie vor dem Antritt der Reise nicht weitermachen. Ich wollte diese innere, neu gewonnene Stärke beibehalten und ich wusste, dass ich dafür einiges in meinem Leben ändern musste. Es fängt immer bei einem selbst an, denn den magischen Schlüssel trägst du in dir, du hast die Macht darüber, etwas in deinem Leben zu verändern oder eben auch nicht. Keiner wird dir sagen können, welcher Weg für dich am besten ist, das solltest du selbst herausfinden, denn du fühlst und lebst dein eigenes Leben. Der spirituelle Weg wird dir viele Antworten in allen Lebensbereichen geben. Habe nur Geduld, dein persönlicher Weg braucht Zeit und du benötigst Ausdauer für alle Situationen, die auf dich zukommen und für alle Herausforderungen, die du meistern sollst. Es wird Tage geben, an denen du dich abgeschlagen und sehr müde fühlen wirst. Du wirst aufgeben wollen und anfangen zu schimpfen, weil du Schmerzen hast, du wirst anfangen, an deinem Weg zu zweifeln und denken, dass das alles überhaupt keinen Sinn ergibt. Ich kann dir sagen, liebe Seele, das alles macht einen sehr großen Sinn. Der ganze Prozess der Wut, Verzweiflung und Tränen gehört zu deiner Transformation dazu, denn es ist ein Transformationsprozess. Alle aufgestiegenen Lichtarbeiter haben diese schmerzvolle, emotionale Zeit hinter sich. Das nennen wir Lichtarbeiter eine Transformation. Beim Erwachen kommt dein wahres Ich zum Vorschein. Deine wunderschöne Seele scheint schön. Du hast dein Ego im Griff und weißt, wie du es kontrollierst. Dein Ego kann dich nicht mehr umhauen oder dich auf den falschen Weg bringen. Dein Ego ist kleiner geworden und du allein hast die Macht über dein Ego. Das ist das ganze Geheimnis. Du scheinst, weil deine Seele sich jetzt öffnet und von dir gehört und gesehen wird. Du lebst nach deiner Intuition, nach deinem Gefühl. Du bist mit Körper, Geist und Seele im Einklang. Du lässt dich nicht mehr verunsichern, wenn es um Entscheidungen geht. Du bist ganz und gar vollkommen in deiner Kraft und in deiner Mitte und absolut magisch in deiner Energie. Du erhellst hier auf der Erde wie eine strahlende Sonne. Deine Aura glitzert prächtig und du bist für jeden wie ein Sonnenschein. Du lebst im Hier und Jetzt. Du wirst Wege finden, um mehr in der Natur zu sein. Du brauchst die Nähe zur Natur, weil du spürst, wie viel Kraft und Erdung dir die Natur schenkt. Dich zieht es immer mehr ins Ländliche und ins Grüne, da, wo die Naturgeister zu Hause sind, wirst du deine Energie gut auftanken können.

SPIRITUELLE ORTE

An einem Tag fühlte ich mich ziemlich gestresst, dazu lebte ich in einer der größten Hauptstädte Europas, in Berlin. Alles wurde mir an diesem Tag zu laut, zu groß, zu turbulent. Ich musste raus, ich brauchte unbedingt Ruhe. Also beschloss ich, zum Schloss Charlottenburg zu fahren, einem Ort, an dem ich mich immer sehr wohlfühle. Dort angekommen, ging ich langsam zum Haupteingang, um mir das prachtvolle historische Schloss anzuschauen. Ich hatte Gänsehaut, als ich mich gedanklich bis ins Jahr 1700 reinfühlte, als ich mir vorstellte, wie der König hier lebte und wen er zum Besuch empfing. Mich überkam die atemberaubend magische Atmosphäre und ich bemerkte, wie ruhig ich auf einmal war. Der ganze Stress, den ich zuvor verspürte, war wie verflogen. Der Kopfdruck, die Müdigkeit und die Gereiztheit waren einfach weg. Fasziniert empfand ich das Gefühl der inneren Gelassenheit, noch nicht einmal dreißig Minuten war ich hier und schon fühlte ich keine Anspannung mehr. Ich entschied mich für einen Spaziergang in dem großen Schlosspark. Auf einer Tafel las ich, dass im Jahr 1697 ein Barockgarten angelegt wurde. Wo war das Jahr 1697, wenn wir heute 2022 haben. Ich musste mich vor Faszination schütteln, so eine Gänsehaut hatte ich bekommen. Mit staunendem Blick spazierte ich im Garten des damaligen Königs. Es war so märchenhaft und ich muss sagen, ich kam mir eine Zeit lang vor wie in einer anderen Welt. Ich habe schon immer das Gefühl geliebt, mich in andere Zeiten, Situationen oder Personen hineinzuversetzen. Beim Spazieren kam ich an den Punkt des Gartens, wo man den gesamten mächtigen Königsgarten überblicken konnte. Mit Ehrfurcht blickte ich auf dieses atemberaubende Anwesen. Der Springbrunnen war groß und das Wasser, das sich darin befand, glitzerte in der Sonne. Rundherum waren überall traumhaft schöne Blumen, es war einfach ein Traum, die Geschichte und die Magie einer Zeit, die mich umgab. Ich spürte den Impuls, dass ich damals in einem meiner Vorleben schon hier gewesen sein musste. Ich fühlte Heimat in meiner Brust, ich fühlte das Gefühl von Vertrautheit. Ich musste eine Verbindung zu diesem Schloss oder seiner Geschichte haben, aber was konnte das sein? Um für mich mehr zu erfahren, schlenderte ich weiter durch die Wege des Gartens. Wenn man zurück auf den langen Weg zum Schloss blickte, konnte ich mir eindrucksvoll vor meinem geistigen Auge vorstellen, wie der König damals mit seinem Pferd oder seiner Kutsche den Weg zum Schloss ritt. Ich hatte es mir visuell so gut vorgestellt, dass ich sprachlos den Anblick genoss. Ich spürte eine Verbindung zu diesem Ort und entschied mich, in das Schloss hinein zu gehen. Der Rundgang durch die imposanten Räumlichkeiten begann und schon war ich im Jahr 1700. Prunkvoll hat alles geglänzt wie zu den damaligen Zeiten. Im Schloss hatte der König seine eigene Kapelle, es war ein Traum. Ich setzte mich in die kleine Kirche und staunte über das eindrucksvolle Ambiente. Ich war vollkommen in meinem Gefühl und fühlte mich so glücklich und frei. Einfach sorgenlos. Ich hielt kurz inne und betete. Mit Kopfhörern hörte ich gespannt weiter den Ansagen zu und ging durch jedes Zimmer. Das war also die Sommerresidenz vom König und seiner Gemahlin. Meine Begeisterung wuchs stetig. Es war ein Moment, den ich auf emotionaler Ebene einfach nicht vergessen kann. Touristen gingen an mir vorbei und sprachen leise, damit der Rundgang nicht gestört wurde. Ich hatte das Gefühl, eine besondere Verbindung zum Schloss zu haben, zu der Geschichte. Nach rund zwei Stunden des Rundgangs durch das Schloss stand ich plötzlich wieder im Garten, denn der König konnte aus einem seiner Zimmer direkt in den Garten gehen. Es war unglaublich faszinierend das Ganze zu sehen und ich hatte das Gefühl, dass ich hier schon vor langer, langer Zeit schon einmal gewesen bin. Ich verstand, dass mir das Schloss eine Botschaft mitteilen wollte, ich musste nur herausfinden, welche. Gut gelaunt und voller Energie kam ich zu Hause an und rief mein spirituelles Medium an. Mit ihr habe ich immer gute Erfahrungen gemacht und fühlte mich immer wohl während der Sitzungen mit ihr. Gemeinsam mit ihr wollte ich herausfinden, warum ich mich an diesem Ort so wohlgefühlt habe und warum es mir dort derart vertraut vorkam. Das Medium vertiefte sich in die Energie und bekam genaue Botschaften. Sie sagte, dass es eine Verbindung zur Zeit im Jahr 1701 gibt. Zu dieser Zeit habe ich eine Beziehung mit einem reichen Mann gehabt und war auf einer Feier im Schloss Charlottenburg. Sie vermutete, dass ich mich plötzlich und unerwartet von diesem Mann getrennt hatte. Ich erzählte dem Medium von einer Begegnung mit einer netten Frau, die ich im Schloss traf und die mir ein Kompliment für meinen schönen Pullover machte. Dieser

Moment kam mir so intensiv vor und glich einem Déjà-vu, als hätte ich einen solchen Moment in einem meiner vorherigen Leben auf einer Feier schon einmal erlebt. Das Medium bestätigte mir eine solche Verbindung zur Zeit um das Jahr 1701. Wow, es war unglaublich, ich war überwältigt, denn ich reiste in mein vorheriges Leben, obwohl ich im Jahr 2022 war.

LICHTARBEITER

Ist das nicht unglaublich, liebe Seele? Hochentwickelte Seelen können in eine Zeit zurückreisen, die mehrere hundert Jahre zurückliegt. Das ist wahre Magie. Das ist das Wissen um mehr. Die Seelen, die heute auf der Erde als Medium arbeiten, haben sich für diese spezielle Aufgabe inkarniert, um den Menschen zu helfen, ihnen beiseite zu stehen und sie zu unterstützen. Viele Menschen kommen irgendwann an einen Punkt, wo sie sich spirituelle Hilfe suchen, meist aus dem Kummer oder einer Sorge heraus. Diese hochentwickelten Seelen haben große und mächtige Talente und Gaben und ich weiß, dass man damit behutsam umgehen muss. Nicht alle Menschen sind für diese Offenheit der Magie des Wissens über das Unbekannte bereit, es gibt immer noch viele Zweifler. Ich habe während meiner Zeit hier auf der Erde immer wieder mediale Seelen kennengelernt. Ich habe sie an der immens großen Herzenswärme und Menschlichkeit erkannt. An dem großen Verständnis, was sie für andere, meist fremde Menschen aufbringen. Sie sind da, allzeit bereit und jederzeit abrufbar, stehen zur Hilfe und Unterstützung bereit. Man nennt sie Lichtarbeiter. Großartige, mächtige und hochentwickelte Seelen, die schon einiges, meist schmerzhaftes, durchgemacht haben. Viele Etappen muss ein:e Lichtarbeiter:in im Leben für sich selbst meistern und geht somit eine gewisse Zeit allein durchs Leben. Es sind schmerzhafte große Herausforderungen, die ein:e Lichtarbeiter:in im Leben durchmachen muss. Ich habe viele wunderbare Lichtarbeiter:innen in meinem Leben kennengelernt und mir ist aufgefallen, dass allesamt fast die gleiche Tragödie im Leben erlebt haben, nur eben mit anderen Personen. Egal, mit welchen Lichtarbeiter:innen ich mich unterhalten habe, die Geschichten waren fast immer identisch. Viele davon arbeiten meist da, wo Hilfe am Menschen gebraucht wird oder in Berufen, in denen sie Licht ins Dunkel bringen können. Das heißt, dass ein:e Lichtarbeiter:in sich in sozialen Aufgaben und Projekten am wohlsten fühlt. Ein:e Lichtarbeiter:in ist sehr gut mit der geistigen Welt vernetzt, das Universum und die geistige Welt arbeiten praktisch durch die Lichtarbeiter hindurch. Lichtarbeiter dienen der geistigen Welt als Kanal. Hört sich interessant an, oder? Es ist aber genau so, liebe Seele. Lichtarbeiter sind sehr mächtig, denn er oder sie arbeitet sehr gut und intensiv mit der göttlichen Macht zusammen. Zeichen oder Botschaften können sie aus dem Universum hören oder ersehen. Jede:r Lichtarbeiter:in hat mächtige Talente, zum Beispiel das Hellhören oder Hellsehen. Das bedeutet, dass ein:e Lichtarbeiter:in wichtige Botschaften aus dem Jenseits erhören kann. Warnungen erkennen sie meist an unruhigen Gefühlen oder einer Verkettung unruhiger und unschöner Ereignisse. Es kommt aber auch sehr oft vor, dass die Lichtarbeiter von ihren lieben, meist nahestehenden Personen angegriffen werden. In Form von unkontrollierten Provokationen oder anderen Ärgernissen. Das kann für Lichtarbeiter sehr schmerzvoll sein, denn sie gehen immer mit einem offenen Herzen auf Menschen zu und haben ein Urvertrauen, deshalb ist es gerade bei nahestehenden Personen umso qualvoller, wenn diese sie energetisch angreifen. Ein:e Lichtarbeiter:in hat während der Zeit hier auf Erden viel gelernt und umso mehr gelitten. Meist kann ein:e Lichtarbeiter:in von Nahtoderfahrungen erzählen oder von lebensbedrohlichen Situationen, die ihr oder ihm widerfahren sind. Viele Lichtarbeiter:innen können erzählen, dass es einige Momente im Leben gab, wo man dem Tod sprichwörtlich von der Schippe gesprungen ist. All das meistern sie mit Bravur und sehen das Ganze, auch wenn es ein Albtraum ist, als Prüfung und als Aufgabe, die in diesem irdischen Leben dazugehört. Es gibt Menschen, die den Lichtarbeitern und ihren Erfahrungen keinen Glauben schenken, denn vieles hiervon kann nach einer Sequenz aus einem Hollywoodfilm klingen. Deshalb finden sich Lichtarbeiter:innen immer wieder in Erklärungen wieder, um die Menschen davon zu überzeugen, dass das Geschehene wirklich passiert ist. Kopfschüttelnd und meist perplex stehen dann die Menschen da und können es nicht fassen, dass ein aus ihrer Sicht normaler Mensch so viel erleiden und ertragen musste und dass diese Menschen trotz alledem ihren Mitmenschen helfen möchten. Dafür ein großes Lob an alle Lichtarbeiter:innen. Ein großer Applaus für alle Lichtarbeiter:innen, wir erheben uns und sagen Danke. Danke für deine atemberaubende Kraft und Energie, für deinen Mut, immer wieder aufzustehen und weiter zu kämpfen. Danke für deine Leidenschaft, am Leben teilzunehmen und dafür, dass du das große göttliche Licht hier auf die Erde bringst. Es ist wohl wahr, dass es eine große, mächtige Aufgabe ist, aber du hast es geschafft mit deiner kräftigen Energie, weil du das Licht und das große Ganze unterstützt. Du bist

Licht, du bist Liebe. Du liest gerade dieses Buch und du bist ein:e wunderbare:r Lichtarbeiter:in.

Die wohl allerschwerste Aufgabe müssen Lichtarbeiter:innen durch harte Lektionen im Leben erst lernen – Das Loslassen. Dies ist eine der größten Aufgaben, denn das Loslassen bedeutet, Personen, die man über alles liebt und braucht, oder Situationen, die einem wichtig sind, gehen zu lassen und Abschied zu nehmen. Der Abschied kann manchmal auch für immer sein. Fragst du dich, warum das so ist, warum ein:e Lichtarbeiter:in loslässt? Das ist die Aufgabe, die ein:e Lichtarbeiter:in lernen muss, um sich und die eigene Energie zu schützen. Das ist auf der energetischen Frequenz ganz einfach erklärt. Ein:e Lichtarbeiter:in hat eine sehr hohe Frequenz, das heißt, dass der Lichtarbeiter somit sehr starken Angriffen ausgesetzt sein kann. Personen mit niederen Schwingungen können Ausführer für die Attacken gegen die Lichtarbeiter:innen sein. Es sind emotionale Aufgaben, die die Lichtarbeiter:innen hier auf Erden meistern müssen. Und das Loslassen ist sicherlich eine der schwersten Aufgaben. Loslassen bedeutet es sein zu lassen, los-lassen. Nicht mehr festhalten, nicht mehr klammern, sich von Abhängigkeiten, Schmerz und Angriffen lösen und sich abgrenzen. Es ist ein Prozess in Richtung Selbstliebe und Selbstachtung und als eine Art Transformation zu verstehen. Doch das ist nicht so einfach hier auf der Erde, denn die Seele wird immer wieder durch äußere Einflüsse verunsichert. Das Licht und das Bewusstsein darüber wird immer größer und heller und viele verlorene Seelen werden dem Licht folgen, denn das ist ihr Zuhause. Deshalb ist die Aufgabe aller Lichtarbeiter:innen hier auf Erden so immens wichtig, die Erde mit guter heilender Kraft zu erhellen und das ist auch gut so. Lady Gaia, Mutter Erde, freut sich darüber und braucht diese Kraft und starke Energie von den Lichtarbeiter:innen.

Eine meiner Kundinnen fragte mich einmal, warum nicht alle Seelen Lichtarbeiter:innen sind? Das war durchaus eine sehr gute und vor allem interessante Frage. Hat nicht jede Seele, die hier auf die Erde kommt, die gleiche Chance? Alle Seelen haben die gleiche Chance, alles zu bekommen und alles zu schaffen. Keine Seele ist besser gestellt als die andere. Der einzige, gravierende Unterschied ist, dass nicht jede Seele den Attacken und Verführungen hier auf der Erde standhält. Viele Seelen sind sich ihrer immens großen Kraft gar nicht bewusst. Jede Seele hat wunderbare göttliche Talente und Gaben, mediale Fähigkeiten gehören dazu. Das heißt, dass viele Seelen hellsichtig sind, andere Seelen wiederum sind hellhörig. All das sehen viele Seelen nicht. Es ist wichtig wach zu bleiben, richtig hinzuschauen und sich nicht blenden zu lassen. Es gibt viele Seelen, die sich dazu entschieden haben, alle Angriffe und den großen Schmerz zu durchleben, um die Erfahrung zu machen und um zu wissen, wie sich dieser Schmerz in dieser Situation anfühlt. Wie fühlt sich Trauer an, wenn man einen geliebten Menschen verliert, von dem man emotional abhängig ist? Wie fühlt sich eine Krankheit an? Die meisten Menschen lernen meist durch Schmerz und Kummer. Wenn der Mensch eine geliebte Person verliert oder die Person beim Schmerz der Krankheit zusieht, dann macht das was mit der Person. Die Frage nach dem Warum fängt an und damit auch die Suche nach dem Sinn des Lebens.

DER FALL DES EGOS

Während meiner Selbstständigkeit habe ich mit einer sehr netten, vor allem toughen Frau zusammengearbeitet. Sie war schon länger als Maklerin im Business und konnte mir daher sehr wertvolle Tipps geben, worüber ich sehr dankbar war, denn dieser Job erforderte Durchhaltevermögen. Mit ihrer kühnen Art arbeitete sie sich als erste Frau in die oberste Riege des Unternehmens. Sie wurde dafür von vielen Frauen bewundert und beneidet. Sie war sehr fleißig und durch den Job viel unterwegs. Wir lernten uns auf einer Konferenz kennen und stellten bei einem Glas Rotwein schnell fest, dass wir uns sehr sympathisch sind. Sie sagte mir eine erfolgreiche Karriere als Maklerin voraus, da ich ihrer Meinung nach alle Voraussetzungen mitgebracht habe. Das machte mich stolz, denn zu der Zeit wollte ich eine große Karriere machen und hoch hinaus. Dafür war ich bereit, all meine Energie und Zeit zu investieren. Also arbeitete ich Tag und Nacht, Kundentermine habe ich 24/7 angeboten, ohne Pause. Ich wollte es mir vor allem selbst beweisen, die Arbeit war mein Leben. Ich konnte stolz sein, als alleinerziehende Mama verdiente ich mein eigenes Geld für mich und meine kleine Familie. Es gab mir ein Gefühl von Anerkennung und Respekt, das, wonach ich seit meiner Kindheit immer wieder suchte.

Meine Kollegin lud mich zu sich auf Kaffee und Kuchen und einem Business Talk ein. Ich kam nach längerer

Anfahrt in der idyllischen Stadt an, es war klein, aber fein, sehr ländlich und Tiere waren auf der Weide zu sehen. Das gefiel mir sehr gut. Dort angekommen, bestaunte ich ihr schönes Haus und klingelte. Sie führte mich im Haus herum und erzählte mir von den Anfängen ihrer Karriere. Ich hörte ihr sehr interessiert zu und wollte alles wissen, denn auch ich wollte eine Tages in so einem schönen Haus wohnen. Ihr Mann gesellte sich dazu und stellte sich vor, dann setzten wir uns und aßen von dem leckeren selbstgemachten Kuchen. Kaffee und Kuchen und dazu Business Gespräche, es war einfach alles perfekt und genau nach meinem Geschmack, im wahrsten Sinne des Wortes. Nachdem wir uns ausgetauscht und viel über die Arbeit gesprochen hatten, kamen wir zu dem Entschluss, zusammenzuarbeiten. Die Zusammenarbeit bestand auch darin, ein gemeinsames Team aufzubauen, also mussten wir zunächst Mitarbeiter rekrutieren. Ich wollte viele Mitarbeiter im Team haben, die alle unterschiedlich sind und verschiedene Talente haben. Das war mein Ziel, denn nur so konnten wir als Team erfolgreich sein und uns abheben. Auf dem Heimweg feilte ich bereits an einer Strategie und war überaus motiviert. Meine Kollegin hatte mir absoluten Antrieb gegeben, vor allem durch das, was sie hatte: Sie war glücklich verheiratet, hatte einen Sohn, ein schickes Haus und sie war mega erfolgreich. Sie war sehr angesehen, auch wenn viele in ihr die kühle Frau sahen, die kaum Emotionen zeigte. Ich habe ihre Emotionen hinter der Fassade gesehen und weiß, dass sie das wusste und ich fühlte, dass sie es gut fand. Wir stellten Mitarbeiter:innen ein, mit denen wir gemeinsam Kongresse besuchten. Ich hielt Motivationsseminare und es war einfach perfekt, es schien ein Traum für mich zu sein, der wahr wurde. Das dachte ich zumindest. Bis zu dem Tag, als mein Telefon klingelte und meine toughe Kollegin dran war. Ich freute mich, sie zu hören, da wir zuvor vereinbarten, dass wir uns zumindest telefonische Updates geben, wenn wir ein paar Tage kein gemeinsames Meeting hatten. Sie erzählte, dass sie auf dem Weg zu einem sehr guten Kunden ist und dieser Tag ein Erfolgstag würde. Nebenbei bemerkte sie noch, dass sie einen Routinetermin beim Arzt hat und so verabschiedeten wir uns bis aufs nächste Mal. Meine Kundentermine verliefen jener Tage durchwachsen. Ich wusste oft nicht, woran es lag, dass der Erfolg nicht so kam, wie ich es mir vorstellte. Es gab für mich demotivierte Tage und Tage, an denen ich Zweifel hatte. Wo lag das Problem, wenn ich doch so viele Kundentermine hatte? Mein Ego war beleidigt, mit wenig Erfolg wollte es sich nicht abfinden. Aufgeben war überhaupt keine Option für mich. Also ging es weiter, Tag für Tag. Als ich von einem netten Kundentermin spät nach Hause kam, klingelte mein Telefon, meine Kollegin war dran: »Hallo, liebe Kollegin«, sagte ich fröhlich, »wie geht es dir?«. Kurze Stille mündete in ein Schnaufen. Meine Kollegin erzählte mir von ihrem Arzttermin und dass dieser einen Knoten in ihrer Brust festgestellt hatte. Ich war geschockt und fand keine Worte, vor allem weil sie es doch war, die ich so unerschütterlich empfand. Sie erzählte mir alles bis ins kleinste Detail und in mir kroch eine enorme Traurigkeit hoch. Während sie mir alles erzählte, wirkte sie trotz der Diagnose noch stärker und mutiger als sie es eh schon war. Ich hörte ihr weiter zu, da ich sie keineswegs unterbrechen wollte. Sie wirkte so nüchtern und so zuversichtlich. Ich bewunderte sie dafür, dass sie eine Frau war, die sich dem Leben und dieser mächtigen Herausforderungen stellte.

In dieser Nacht gingen mir so viele Gedanken durch den Kopf. Alles drehte sich plötzlich, alles wendete sich auf einmal. Nichts schien mehr so wie es war. Morgens wachte ich mit dem Gedanken auf, meine Kartenlegerin anzurufen, die mich auf einigen meiner Wege mit ihrer medialen Fähigkeit begleitete. Sie sah eine gefährliche Entzündung bei meiner Kollegin und einige schwierige Untersuchungen. Nach dem Gespräch fragte ich mich, ob ich die Erkenntnisse aus dem Reading mit meiner Kollegin teilen sollte, aber den Gedanken dachte ich nicht weiter, weil ich wusste, sie hatte für so einen vermeintlichen »Hokuspokus« kein Verständnis und ich wollte sie nicht beunruhigen. Die Wochen vergingen und ich telefonierte regelmäßig mit meiner Geschäftspartnerin, die mir von ihren Untersuchungen erzählte und davon, dass sie keine guten Ergebnisse brachten. Die Ärzte überlegten, ob eine Chemotherapie letztendlich den gewünschten Erfolg und die Heilung bringen würde. Sie sträubte sich bei diesem Gedanken, trat sie aber dennoch an. Ich besuchte sie während dieser Zeit einige Male. Wir aßen dann leckeren Kuchen auf ihrer großen Terrasse und sie erzählte mir alles über die Chemotherapie und ihr Leid. Sie wirkte so unglaublich stark und ich fragte mich, woher sie ihre Kraft nahm? Das fand ich sehr erstaunlich. Sie war bereit, den Kampf anzutreten, um dieses böse Wort mit K zu besiegen. Ich schickte ihr täglich schöne, motivierende Textnachrichten, um ihr Kraft zu schenken und ihr damit zu zeigen, dass ich da bin, nicht nur geschäftlich, sondern auch privat.

Während eines Besuchs saßen wir auf der Terrasse und meine Geschäftspartnerin fragte mich, wie die Kundentermine liefen. Ich erzählte ihr davon, dass es in letzter Zeit trotz vieler Termine nicht sehr erfolgversprechend lief. Ich bemerkte, wie plötzlich ein Blitzgedanke in mir aufkam: Alle Kundentermine waren von der menschlichen und emotionalen Seite sehr erfolgreich und großartig – darin lag die Offenbarung. Ich bekam die Botschaft aus der geistigen Welt, dass meine Seele nicht länger nach dem Ego leben wollte, sondern dass meine Berufung darin liegt, nah am Menschen zu sein und sie auf ihrem Weg zu unterstützen. Ich sollte meiner Berufung folgen, um den Menschen zu helfen.

Ich machte mich am Nachmittag auf den Heimweg und als ich Zuhause ankam, schmiss ich meine Autoschlüssel auf den Tisch und sagte mir selbst, dass ich diesem Job nicht mehr nachgehen werde. Jetzt war es raus. Jetzt hatte ich meine Antwort. Ich hatte es bei jedem Kundentermin genossen, mich mit den Menschen zu unterhalten, das Geschäft war zwar meinem Ego wichtig, meiner Seele aber völlig egal. Mein Unterbewusstsein hatte mir deutliche Signale gegeben und mein Ego wollte gar nichts darüber wissen und ich hatte den Ruf meiner Seele vollkommen überhört.

Meine Emotionen glichen einer Achterbahnfahrt und die Tränen liefen mir die Wangen herunter. Ich fühlte mich traurig und in diesem Moment allein. Hatte ich versagt oder war es ein Weckruf für mich, damit sich eine neue spirituelle Zeit für mich öffnet? Ich wusste es nicht, ich war zu durcheinander. Am nächsten Morgen nach meiner definitiven Entscheidung rief ich meine Geschäftspartnerin an und teilte ihr meine Entscheidung mit. Sie war sehr überrascht darüber, konnte meine Situation aber gut verstehen. Nach meiner Entscheidung nahm ich mir eine Auszeit. Hatte ich in meinem Job versagt oder war es einfach der richtige Zeitpunkt aufzuhören? In dieser Zeit grübelte ich viel und sprach mit meinen Schutzengeln darüber. Ich war keine Person, die aufgab. In meinem Leben war ich immer eine Kämpferin, eine Person, die sich der Verantwortung und Disziplin durchaus bewusst war und danach gelebt hat. Ich wusste, dass ich mir keine Vorwürfe machen musste, dennoch kamen immer wieder Zweifel in mir auf. Es war Winter, grau, nass und kalt draußen, als ich den letzten Anruf meiner Geschäftspartnerin bekam. Nach kurzer Krankheit schlief sie für immer ein.

Im Nachhinein habe ich festgestellt, dass mein Erwachen und mein spiritueller Heilungsweg mit dem Tag angefangen hat, an dem ich meine Autoschlüssel auf den Tisch schmiss und die Entscheidung getroffen habe, nicht mehr im Außendienst zu arbeiten. Ich wollte meinem Ego und meiner übertriebenen Disziplin zeigen, dass ich von diesem Tag meinen Seelenweg gehe. Punkt, amen. Elf Jahre danach weiß ich, dass das die beste Entscheidung meiner Seele war, denn mein Erwachen begann. Nichts und niemand wird dir wichtige Entscheidungen abnehmen, dies tust du ganz allein. Das ist auch immens wichtig, denn sonst machst du dich abhängig von Personen. Was die Abhängigkeit von Mitmenschen anrichten kann, haben wir bereits beleuchtet.

TRANSFORMATIONSPROZESSE

Vielleicht wirst du, ähnlich wie ich, einen Schlüsselmoment haben, bei dem du feststellst, dass es so nicht mehr weitergeht. Vielleicht wirst du auch viele Zeichen bekommen und es liegt dann ganz allein bei dir, wie du handeln möchtest und deine Energie ausdehnst, also dich stark machst und dich von deinem Gefühl leiten lässt. Mentale Stärke ist ebenso wichtig wie die emotionale Stärke. Wenn du es schaffst, beides ins Gleichgewicht zu bringen, dann hast du einen absoluten Energieausgleich und du hast eine erhöhte Schwingung. Viele fragen mich, was eine Schwingung eigentlich ist? Das ist deine Energie, dein Schwung, deine Kraft. Je höher deine Schwingung ist, desto besser kommst du vorwärts im Leben und desto leichter fühlst du dich. Vieles gelingt dir besser und du wirst dich seltener in komplizierten Situationen wiederfinden. Weil du mehr siehst als andere, verlässt du dich zu hundert Prozent auf dein Gefühl und lässt dich von deinem Instinkt leiten. Du lebst nach ihm und dein Verstand dient zur Orientierung und somit ersparst du dir unnötige Umwege. Vielleicht hast du dich gefragt, warum es andere Menschen leichter im Leben haben. Das liegt wahrscheinlich daran, dass diese Person sich selbst liebt und wertschätzt. Da haben wir wieder das Zauberwort Selbstliebe. Erinnerst du dich noch an die Affirmationen, die ich dir an die Hand gegeben habe? Weil sie so enorm wichtig sind, schreibe ich sie dir nochmal auf, vielleicht möchtest du direkt mitsprechen. Wiederhole die Affirmationen jeweils drei Mal:

Ich liebe mich (3x)
Ich passe gut auf mich auf (3x)
Ich bin wichtig (3x)
Ich bin stark und habe eine starke Energie (3x).

Es ist wichtig, dass du es schaffst, diese Sätze in deinen Alltag zu integrieren. Ungefähr so wichtig, wie du jeden Morgen deine Zähne putzt. Diese starken Ich-Sätze sollen dich täglich in deinem Leben begleiten. Wenn du es schaffst, diese Sätze jeden Tag zu wiederholen, sodass du eine Routine entwickelst, wirst du sehen, wie sich vieles in deinem Leben zum Positiven ändert. Probier es gerne mal aus und lasse dich von den Wundern und dem Zauber des Gebets leiten und sei in hoffnungsvoller Erwartung, was sich für dich auftut. Du musst daran glauben und du solltest in die Tiefe deiner Seele vertrauen. Fühle und spüre. Erlaube dir, im Schwung des Lebens mit zu schwingen und vor allem zu leben. Sobald die Rationalität Überhand nimmt, verliert sich die traurige, depressive Seele in der Dunkelheit.

Ich habe die Dunkelheit nie gemocht. Schon als ich klein war, musste ich immer mit Licht einschlafen, sonst habe ich gar nicht geschlafen. Meine Eltern machten immer das kleine Licht an, bevor sie das Kinderzimmer verließen, weil sie wussten, dass ich sonst zu ihnen ins Bett kam. Ich brauchte immer das Licht um mich herum, es war mein Wegbegleiter, es war meine Hoffnung. In meinem Leben habe ich immer wieder Menschen kennengelernt, die sehr wenig mit dem Licht lebten. Ich meine das auch im übertragenen Sinne. Ich habe diese Leute immer wieder energetisch angezogen und lange Zeit in meinem Leben habe ich gedacht, dass kühles Verhalten, Untreue und Distanz in der Liebe normal seien, was keineswegs der Fall ist, ganz im Gegenteil. Bis ich meinen Weg des Erwachens gegangen bin und herausgefunden habe, dass es zu jener Zeit meine eigene Ausrichtung der Energie war, die diese Personen in meinem Leben angezogen hat. Meine Energie hat zu der Zeit, als ich noch mitten im Transformationsprozess war, zugelassen, dass ich Menschen anzog, die weit weg von Licht und Liebe waren. Die wenig mit den Worten Selbstliebe, Selbstachtung und Heilung zu tun haben. Ich glaube du kannst dir gut vorstellen, welche enttäuschende Erfahrungen ich mit diesen Personen gemacht habe. Vielleicht findest du dich jetzt selbst in diesem Moment in diesen Zeilen wieder. Vielleicht bist du sogar in dieser Situation des Erwachens, wo du viel genauer hinschaust, du siehst mehr und möchtest dem Ganzen ein Ende setzen. Du möchtest dich von Personen trennen, die dir nicht gut tun. Du bist dein bester Freund und wer, wenn nicht du, wird sich um deine seelischen Bedürfnisse kümmern? Löse dich bitte von der Illusion, dass wenn du im Lotto gewinnst, du erst dann dein großes Glück findest. Löse dich bitte von dem Gedanken, dass wenn du etliche Kilos abnimmst, du erst dann attraktiver wirkst. Löse dich bitte von dem Gedanken, dass du jedes Jahr um die Jahreswende zum Neujahr alles anders machen wirst. Löse dich bitte von dem Gedanken, dass dich nur eine andere Person glücklich machen kann und nicht du selbst. Löse dich bitte von dem Gedanken, dass du nur glücklich sein kannst, wenn du arbeitest, weil du dann etwas wert bist. Die Liste ist lang und ich könnte noch weiter aufzählen, aber ich weiß, dass du verstehst, was ich meine.

Du bist ein Individuum. Keiner kann dich glücklich machen außer du selbst. Du selbst bist für dein Glück zuständig. Nicht irgendwer oder irgendwas. Das ist der Schlüssel. Das ist das Ergebnis und die Offenbarung. Viele Menschen denken, wenn ich diesen bestimmten Job bekomme, bin ich vollkommen oder wenn ich jene Markenklamotten trage, bin ich mehr wert. Viele denken tatsächlich, dass ein Luxusleben das Endziel ist und dass sie damit alles im Leben erreicht haben. Dem ist leider nicht so. Ich habe in meinem Leben einige Millionäre und Berühmtheiten kennengelernt und ich kann dir sagen, dass ich in diesen Momenten glücklicher war als die Millionäre, mit denen ich zusammen saß. Ich habe sie dafür bewundert, was sie alles erreicht haben. Es war bemerkenswert. Täglich waren sie wegen ihrer Arbeit mit den Privatjets in verschiedenen Städten auf der ganzen Welt unterwegs. Sie waren erfolgreich und haben ihren Traum gelebt. Trotz meiner Bewunderung ihnen gegenüber habe ich die traurigen Seelen erkannt, die sich in die Arbeit stürzten, um nicht daran erinnert zu werden, welche Aufgabe sie haben. Ich spreche hierbei aus meiner persönlichen Erfahrung mit reichen

Menschen. Geld ist eine schöne Sache, man kann sich einiges leisten und man lebt sorgenlos und keine Sorgen zu haben ist auch wundervoll. Auch ich habe große Augen gemacht, als ich an einem Tag zum Termin mit einem Rolls Royce abgeholt worden bin. Natürlich, so etwas hat man nicht jeden Tag. In vielen Momenten meines Lebens habe ich bemerkt, dass Reichtum am schönsten ist, wenn sich der seelische mit dem emotionalen Reichtum verbindet.

Ich schreibe natürlich aus meiner subjektiven Erfahrung und jeder kann und sollte sich sein eigenes Bild machen. Denn jeder hat seine Sichtweise und jeder von uns sieht die Dinge anders. Letztendlich haben wir alle eine wichtige Lebensaufgabe hier auf Erden, wir müssen auf unseren Seelenweg kommen. Wir haben alle unseren persönlichen Seelenweg und es gibt genug Hindernisse und Momente hier auf der Erde, die uns von unserem Weg abbringen wollen. Wir müssen lernen, dass das Aufopfern für eine Sache oder Person nicht in Ordnung ist, denn wie schon das Wort sagt, bringt man damit Opfer. Liebe will keine Opfer, Liebe will keine Unterdrückung und Liebe kennt keine Abhängigkeit. Liebe kennt keinen Schatten, Liebe beurteilt nicht. Liebe rächt sich nicht. Liebe tötet nicht. Liebe kennt keine Eifersucht. Liebe schlägt nicht. Liebe vergewaltigt nicht. Liebe ist nicht brutal. Liebe ist nicht hart. Liebe leugnet nicht. Liebe lügt nicht. Liebe fühlt keine Einsamkeit.

Liebe heilt. Liebe ist warm und verlässlich. Liebe ist vollkommen. Liebe hat Mitgefühl. Liebe hat Verständnis. Liebe unterstützt, Liebe ist da. Liebe kennt keine Grenzen. Liebe ist Freundschaft. Liebe ist Seele. Liebe ist umarmen. Liebe ist lachen. Liebe ist hell. Liebe ist wachsam. Liebe ist treu. Liebe hilft. Liebe schützt. Liebe siegt. Liebe schätzt. Liebe ist Gänsehaut. Liebe wächst.

Siehst du die Reflektion in deinem Leben, liebe Seele, siehst du Parallelen? Findest du dich wieder in diesen Zeilen?

Du hältst dieses Buch in deinen Händen. Warum hast du dir das Buch gekauft, was hat dich angesprochen und neugierig gemacht? Wie wurdest du auf dieses Buch aufmerksam? Fühle in dich hinein. Es ist Schicksal, es sollte so sein, dass dieses Buch zu dir kommt. Wache auf, liebe Seele. Spürst du einen kleinen Druck oder eine leichte Berührung? Ich bin es. Ich möchte dich an deine kraftvolle Energie erinnern. Ich bin hier, liebe Seele, um dir mitzuteilen, dass du auf deinem richtigen und vor allem lichtvollen Weg bist. Ein Zeichen dafür ist, dass du dieses Buch in deinen Händen hältst. Ein Anfang, der sich für dich zart, aber hoffnungsvoll anfühlt. Du tastest dich langsam heran an deinen Seelenweg, zwar noch ein wenig unsicher, aber du bist mutig und möchtest mehr über das Unbekannte und Große wissen. Denn darüber hast du viel gelesen und gehört. Viele Mythen gibt es um das Thema der geistigen Welt und das Universum. Viele Theorien über das Jenseits. Vielleicht hast du auch schon mal eine Erfahrung mit Kartenleger:innen oder einem anderen Medium gemacht? Du interessierst dich für Horoskope und liest diese immer sehr aufmerksam durch. Du bist abergläubisch und wechselst immer die Straßenseite, sobald dir eine schwarze Katze über den Weg läuft. Etwas hat dich neugierig gemacht. Das Leben hat dich vor viele harte Herausforderungen gestellt und du hast dich diesen immer wieder mutig gestellt.

Dann hast du schon viel gesehen und verstanden, liebe Seele. Du befindest dich am Anfang deiner spirituellen Suche nach deinem wahren Ich. Du möchtest keine Lügen mehr und durchschaust jetzt schneller, ob etwas ehrlich ist oder nicht. Deine Emotionen sind unruhig, weil du keine Person hast, die dir hilfreich zur Seite steht. Du möchtest Antworten und sehnst dich nach Klarheit und bist bereit, heute diesen Weg der Offenbarung zu gehen. Du bist nie alleine. Sobald du um geistige Hilfe bittest, in Form eines Gebets oder einem Gespräch mit deinen Schutzengeln, wird dir schnell geholfen. Du darfst deinen Schutzengel so oft rufen und mit ihm sprechen, wie du möchtest, du musst dich nicht komisch fühlen, weil du vermeintlich Selbstgespräche führst. Du sprichst mit deinem Schutzengel und von daher bist du nicht allein. Natürlich wirst du von der geistigen Welt nicht eine Antwort erhalten, wie wenn du mit einem Menschen sprichst. Das Universum antwortet auf einer höheren Ebene und das wird dir sehr gefallen. Es ist eine Unterhaltung auf einem höheren Level. Zauberhaft und sanft. Mit der Zeit wirst du es lieben und wissen, in welcher Form dir die geistige Welt antwortet. Es ist Übung. Mit der Zeit wirst du sehen, wie leicht dir die Kommunikation mit der geistigen Welt fällt.

An einem Tag streifte mal wieder Unruhe meine Gedanken. Ich musste unbedingt eine Entscheidung treffen, aber wie und vor allem, welche? Erinnerst du dich noch an den Job, den ich kündigte, weil ich gemobbt wurde? Ich saß nun bei einem Bewerbungsgespräch einer internationalen Bank und wartete geduldig auf meinen Gesprächspartner. Zuvor, als ich das Gebäude betrat, wirkten die hohen, dunklen Gitter im Außenbereich abschreckend auf mich, am Haupteingang empfing mich eine Personenkontrolle, die aussah wie am Flughafen. Sicherheit finde ich auch wichtig, aber irgendwie schien mir das übertrieben. Im Raum angekommen, schaute ich heraus auf den immens großen Innenhof und fragte mich, wieso alles so kühl auf mich wirkte. Ich fühlte mich nicht wirklich gut an diesem Tag und das Bewerbungsgespräch gab mir auch nicht gerade ein ruhiges und gutes Gefühl. Irgendwie war mir mulmig im Bauch, meine Nervosität wurde immer größer und meine Ungeduld auch. Der Termin hätte schon längst beginnen sollen, kurz hatte ich den Impuls, den Termin kurzfristig abzusagen. Einen Gesprächspartner ohne Ankündigung warten zu lassen finde ich nicht sehr respektvoll, findest du nicht auch?

Ich fing an mit meinem Schutzengel zu sprechen: »H.L.G. – Hallo, lieber Gott«. Ich sagte ihm, dass ich eine Unruhe in mir spüre und ich nicht wüsste, warum. Ich hatte mich doch mit großer Freude auf diesen Job beworben und wollte diesen auch unbedingt bekommen. Ich sprach solange mit meinem Schutzengel, bis ich ein ruhigeres Gefühl verspürte und mich besser fühlte. Plötzlich klopfte es an der Tür, ich erschrak kurz, da ich in meinen Gedanken noch bei meinem Gebet war. Nach kurzer Begrüßung fing das Bewerbungsgespräch endlich an. Nach einer Weile des Gesprächs kam meine starke Intuition zum Vorschein und der Drang, nicht mein Gegenüber über die Situation entscheiden zu lassen, sondern selbst die Zügel in die Hand zu nehmen. Mein Ego meldete sich natürlich auch zu Wort, dass ich den Job bei einer so großen, internationalen Bank natürlich annehmen müsste, das würde sich gut im

Lebenslauf lesen. Als ich nach dem Gespräch heraus trat und es Revue passieren lassen habe, entschied ich mich für meine Seele und gegen mein Ego, nicht bei der Bank anzufangen. Es hat mir nicht zugesagt, die Aufgabe war interessant, allerdings konnte ich nicht in einem Gebäude arbeiten, wo dermaßen große Sicherheitsvorkehrungen stattfanden, dass ich mich eingesperrt fühlte. Nein, das wollte ich nicht. Der Preis meiner Freiheit war mir einfach zu hoch. Mit gutem Gewissen habe ich entschieden, ich habe auf mein Gefühl gehört und nicht wie so oft im Leben auf das Ego oder die Pflicht. Denn wir alle haben auch eine Pflicht uns selbst gegenüber. Immer rennen wir los, um für andere etwas zu erledigen, um für andere zu arbeiten oder auch um für andere da zu sein. Das ist schön und gut, trotz alledem bist du auch wichtig, was wäre gewesen, wenn ich dort angefangen hätte zu arbeiten? Wie würde ich mich jeden Tag fühlen – Eingesperrt, mit schlechter Laune, weil ich etwas gegen meinen eigentlichen Willen tue? Ich weiß es nicht, vielleicht wäre vieles anders geworden, aber ich habe mich gegen mein Ego entschieden, weil ich zu der Zeit am Anfang meines lichtvollen Weges war. Lass andere nicht für dich entscheiden. Entscheide dich selbst im Leben. Dann hast du ein sicheres Gefühl und kannst auch gut damit leben. Du bist am Anfang von deinem Seelenweg. Dieses Buch hat dich gefunden und es soll dich auf deinem lichtvollen spirituellen Weg begleiten. Denke daran, du hast immer Unterstützung, wenn du das möchtest und zulässt. Denn das Zulassen von Hilfe ist häufig auch ein Problem des Egos. Nimm die Hilfe an, die man dir anbietet. Reiche auch du jemandem, der nach Hilfe sucht, die Hand. Nächstenliebe leben. Geben und

Nehmen. Wenn du Unterstützung brauchst, suche sie. Dann wird dir geholfen.

LEBE DEINE MAGIE

Wir müssen wieder lernen, anzunehmen und zuzulassen. Suche deine Sehnsüchte und lebe nach deiner Intuition und nach deinem Gefühl. Wir müssen lernen, hundertprozentig nach unserem Gefühl zu leben. Im Laufe des Lebens haben wir immer wieder falsche Glaubenssätze gehört, wie zum Beispiel, nachzudenken, bevor man sich entscheidet, oder erst zu denken und dann zu handeln. Ich denke dir fallen bestimmt auch noch weitere hiervon ein, die man im Laufe des Lebens immer wieder gehört hat. Sie setzen sich in unserem Unterbewusstsein fest und schleichen sich in unsere Handlungen. Wir leben danach, weil wir sie ständig von unserem Umfeld hören. Finde dich wieder, liebe Seele. Mit diesem Buch hast du einen Grundstein gelegt. Deine Seele ist dein Gefühl. Deine Seele ist dein Puls. Dein Herzschlag ist deine Seele. Lebe nach deinem Gefühl und erlebe deine persönlichen Abenteuer und Erlebnisse, denn gelebte Erfahrungen sind mehr wert als alles andere. Wir nehmen Erinnerungen eines Tages mit ins Licht. Das Auto und das Haus, alles Materielle bleibt dann hier auf Erden zurück, weil alles Materielle nicht mit ins Licht übergeht. Deine Gefühle, deine Erinnerung an das gelebte Leben und deine Energie werden dich eines Tages mit ins Licht begleiten. Denn du hast gefühlsmäßig eine Erfahrung gemacht und diese Erfahrung hat dich etwas Wichtiges gelehrt. Und diese wichtige Lektion wird dich in deinem Leben weit nach vorne bringen. Erfahrungen im Leben zu machen, ob positiv oder negativ, ist ein Muss und gehört zum Leben dazu. Jede gelebte Erfahrung zählt und ist sehr wichtig für dich. Auf deinem weiteren Lebensweg wirst du wissen, warum. Alle Erfahrungen, die du in deinem Leben machst, werden dich zu dem Menschen machen, der du bist und sein wirst. Die eine bittere Lebenserfahrung wird dich nach der Trauer stärker machen, weil du den gleichen Fehler nicht noch einmal machen möchtest. Die andere gute Lebenserfahrung wird deine Energie und deine Schwingung nach oben bringen, sodass du dich federleicht fühlst. Wenn du im Leben deine Erfahrungen machst, werden deine Emotionen so richtig durchgeschüttelt. Das heißt, du wirst auf der einen Seite weinen und auf der anderen Seite herzhaft lachen. Positive und negative Erlebnisse im Leben brauchen wir Menschen, damit wir aus Fehlern lernen oder damit wir lernen uns abzugrenzen, aber auch um unsere Energie zu schützen. Traue dich also, liebe Seele, dem Leben furchtlos und ohne Angst gegenüber zu stehen. Es kann dir nichts passieren, du musst keine Angst haben, bleibe im Vertrauen in dem Wissen, dass alles seine Richtigkeit hat.

Was passiert eigentlich mit Menschen, die sich isolieren und keine Lust auf Entscheidungen haben, aus Angst eine falsche Entscheidung zu treffen? Diese Personen werden im Laufe der Jahre feststellen, dass sie gar nicht richtig leben. Denn diese Menschen wachsen nicht. Sie bleiben immer in derselben Schwingung, weil sie nichts tun, sie stagnieren und werden mit der Zeit extrem müde und lustlos. Sie spüren keinen Antrieb mehr für das Leben und werden mit der Zeit mürrisch. Deshalb ist es wichtig, liebe Seele, dass du mutig in deinem Leben voran schreitest. Nichts und niemand wird dich aufhalten und von deinem lichtvollen Weg abbringen können, solange du es nicht zulässt. Niemand kann Macht über dich haben, solange keine Reaktion von dir kommt. Nicht alles und jeder braucht deine Reaktion oder deinen Kommentar. Schütze dich und deine Energie. Jetzt weißt du wie. Das Leben ist noch schöner, wenn du mit offenen Augen durch die interessante Welt gehst. Öffne dich der Magie. Staune, was alles auf dich zukommt. Und heile dich und deine Seele. Du hast eine magische Anziehungskraft in dir, finde sie. Nichts ist schöner als der Moment des Erwachens. Du bist wach, dann fühlst du. Du liebst. Du heilst. Die geistige Welt und die lichtvolle Macht sind ewig zu Diensten an deiner Seite. Und das für immer. Weil du das Kind des Lichtes bist und man gut auf dich aufpasst. Sie lieben dich seit ewig. Bleib wach, liebe Seele. Bleib du. Und lebe deine Magie.